高雄研究叢刊 第12種

打狗開港：

條約、海關、地方的三角關係

作者 黃寶雯

本著作　榮獲
「國立臺灣圖書館博碩士論文研究獎」

高雄市立歷史博物館
「2021年寫高雄──屬於你我的高雄歷史」出版獎助

特此致謝

高雄研究叢刊序

　　高雄地區的歷史發展，從文字史料來說，可以追溯到 16 世紀中葉。如果再將不是以文字史料來重建的原住民歷史也納入視野，那麼高雄的歷史就更加淵遠流長了。即使就都市化的發展來說，高雄之發展也在臺灣近代化啟動的 20 世紀初年，就已經開始。也就是說，高雄的歷史進程，既有長遠的歲月，也見證了臺灣近代經濟發展的主流脈絡；既有臺灣歷史整體的結構性意義，也有地區的獨特性意義。

　　高雄市政府對於高雄地區的歷史記憶建構，已經陸續推出了『高雄史料集成』、『高雄文史采風』兩個系列叢書。前者是在進行歷史建構工程的基礎建設，由政府出面整理、編輯、出版基本史料，提供國民重建歷史事實，甚至進行歷史詮釋的材料。後者則是在於徵集、記錄草根的歷史經驗與記憶，培育、集結地方文史人才，進行地方歷史、民俗、人文的書寫。

　　如今，『高雄研究叢刊』則將系列性地出版學術界關於高雄地區的人文歷史與社會科學研究成果。既如上述，高雄是南臺灣的重鎮，她既有長遠的歷史，也是臺灣近代化的重要據點，因此提供了不少學術性的研究議題，學術界也已經累積有相當的研究成果。但是這些學術界的研究成果，卻經常只在極小的範圍內流通而不能為廣大的國民全體，尤其是高雄市民所共享。

　　『高雄研究叢刊』就是在挑選學術界的優秀高雄研究成果，將之出版公諸於世，讓高雄經驗不只是學院內部的研究議題，也可以是大家共享的知識養分。

　　歷史，將使高雄不只是一個空間單位，也成為擁有獨自之個性與意義的主體。這種主體性的建立，首先需要進行一番基礎建設，也需要投入一些人為的努力。這些努力，需要公部門的投資挹注，也需要在地民間力量的參與，當然也期待海內外的知識菁英之加持。

　　『高雄研究叢刊』，就是海內外知識菁英的園地。期待這個園地，在很快的將來就可以百花齊放、美麗繽紛。

國立故宮博物院院長

推薦序

　　黃寶雯是我在國立臺灣師範大學歷史學研究所首位指導的碩士班研究生，當初她以農經系的背景及數年商場經驗來報考本系，對她本身及本系而言，都是雙盲探索的一段旅程。幸好她已做足心理準備、既不厭煩從頭開始，更能正面、積極而且有效率地面對死纏爛打的問題，還能整天泡在臺北各大圖書館中，幾乎將全部時間奉獻給論文研究及寫作。可以說，她繳出的成績單已足資證明她值得取得碩士資格，且為有能力進行研究的獨立歷史工作者。此一成果更獲得口試委員們、國立臺灣圖書館臺灣學研究中心及高雄市立歷史博物館之肯定，榮獲高雄市立歷史博物館 2021 年「寫高雄」出版補助，並出版為「高雄研究叢刊」叢書。身為碩論指導教授，亦感與有榮焉。

　　關於 1864 年打狗（即高雄舊名）開港的研究，前輩學者葉振輝等人多年前已運用英國國家檔案等做過深入研究，19 世紀中後期臺灣的開港通商貿易更已有林滿紅等人運用海關資料進行紮實探討，寶雯之課題卻是在眾多出色先行研究中探問一個再基本不過的問題：打狗如何成為一個條約港？她充分運用各種類型及語言之史料，從各國天津條約的比較，到打狗海關的中英文檔案，建構打狗開港及其海關的制度建置過程，突顯了在條約體制的實際落實及運作過程中，清政府之地方與中央和外國領事、商人等各角色在地方上的複雜互動及周旋，絕非「滿清與列強簽定不平等條約以至喪權辱國」即可一筆帶過。近年來此一領域已有不少研究成果，而寶雯的研究顯示，「開港通商」對於地方來說並不是條約後的一紙命令即開啟歷史新頁，反倒是眾多參與者在各有考慮下進行角力的戰場。

　　碩論中原先仍十分生硬的文字及架構安排，在此次出版改寫時皆重新潤飾，並大幅改動，捨去原先野心勃勃討論但仍有諸多未明處之關稅流向，以一個完整稅關建置的過程來回應最初打狗開港的提問。對於學術研究而言，最大的貢獻是為 19 世紀中期以後東亞地區各沿海條約港，提供一個具體地方開港個案的原創研究；對於地方文史有興趣的一般讀者而言，則她以紮實研究與圖表為基礎，訴說深刻影響高雄過往歷史的打狗開港的故事，讀者們可以帶著輕鬆愉快的心情享受作者下過苦功的豐富人文之旅。謹以為序！

國立臺灣師範大學歷史學系

林欣宜

2022.10.5

自序

　　我還記得這個課題的發想最早源自於一堂名為「19 世紀福爾摩沙」的課程，當時授課的林欣宜教授尚非我的指導老師，我也還搞不清楚歷史研究是怎麼一回事。那堂課的期末報告規定要使用一種外文史料，撰寫三千字內的報告。研究所的每堂課上，老師們都不厭其煩地提醒我們，做研究最重要的是「問一個好問題」，但對於非本科系出身的我來說，我連什麼是「好問題」都不甚清楚。因此在毫無想法的情況下，我用我的家鄉高雄的舊稱「Takow」作為關鍵詞，輸入《北華捷報》的資料庫，搜尋了大約三百筆的報導。正是這三百筆報導，令這個研究課題朦朧成型。

　　最一開始我想做的也不是開港的問題，畢竟開港已經是寫入教科書並有著固定論述的詞條了。我原本打算做的是 1870 到 1880 年代打狗港的疏濬議題，然而在開始撰寫論文時，在背景鋪陳便遇到重重難關。當時我非常苦惱地問林欣宜老師，光是打狗開港的具體時間便有兩種說法，我找了許多討論臺灣開港的書籍，卻沒辦法下定決心選用任何一種說法。沒想到老師反而藉此鼓勵我轉換課題，說：「不如就把打狗開港的故事好好講清楚吧。」對那時的我來說，轉換課題等於要放棄已經撰寫的一萬多字，談何容易！下定決心研究打狗開港後，在研討會上發表時，更常遭受「這與前人研究有何不同」的質疑，每每使我反覆自問：這個研究課題有何意義？

　　幸運的是，這項研究仍然順利完成了，而這必須歸功於我的指導教授林欣宜老師。連我都懷疑自己是否有能力將老掉牙的課題談出新意時，她總是給予我無窮盡的信心與耐心。每週四中午 11 點到 12 點

是我們固定的討論時間，老師總是在看完我的文章後，提出諸多問題，而我的工作便是在下一週前，盡可能地尋求解答。如此經過一年半的時間，為了回答老師所積累而成的文字，便轉化為本書的內容。所以本書的完稿，可以說完全是為了回答老師的「心靈拷問」所寫。如果我的研究有任何值得嘉許之處，都要歸因於林欣宜老師的督促，以及所有她提出的「好問題」，而有任何不足之處，都是我未能提出「好答案」之故。

在研究的路上，許多人都是孤單而煎熬的。我很慶幸這一路走來，高中、大學甚至是職場上認識的朋友們，總是給予我莫大的肯定（即便他們大多數人都沒有任何歷史研究的背景）。我同時也要感謝在國立臺灣師範大學就學期間照顧過我的老師與同學們，對甫踏入歷史領域的我，從他們身上獲得了太多的幫助與關懷，他們的付出為師大歷史系打造了良好的求學環境與研究風氣，是我過去從未體驗過的。我特別感謝幾位教授：朱瑪瓏、李佩蓁、吳文星、林滿紅、周東怡、陳計堯、陳志豪、康豹、葉高樹、葉爾建以及 Robert Eskildson 教授。他們或曾在研究課題上給予我指點，又或者分享研究旅途中的人生經驗，他們的鼓勵激勵我繼續前進。感謝臺灣學研究中心及高雄市立歷史博物館對本研究的抬愛，才有本書出版的可能。

最後要感謝我的父母與兩個弟弟，或許對他們而言，我選擇轉換跑道投入歷史研究，既是突如其來之舉，亦是不可理解之謎，但他們仍然給予我最大的支持與肯定。儘管我的研究付梓成書，仍無法回報一二，但我希望能用這本書向我的家人分享研究歷史的樂趣。

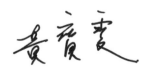

目　次

圖　次

表　次

第一章　緒論

　　在臺灣，1860 年代進入開港通商時代，並開放雞籠、淡水、安平、打狗，已成為一種樣板式的論述，這樣的論述大抵上沒有錯誤，但卻無法解釋某些問題。因為這樣的論述是將「開港通商」視為一個時間點，而非一個漸進的過程。在過度簡化而理所當然的敘事下，導致我們僅能從高中教科書上學到，清朝與西方列強在簽訂《天津條約》（1858）及《北京條約》（1860）後，臺灣於 1860 年正式進入開港通商的時代，並開放臺灣及淡水，又加開打狗及雞籠。比較詳細的研究會進一步說明雞籠和打狗分別是淡水及安平的子口，不過大概也就文盡於此。[1] 事實上，臺灣因 1858 年《天津條約》確立日後開港的命運，到 1865 年開放安平完成四口開港，不僅四口開港時間不統一，前後甚至耗費將近七年的時間，顯見臺灣開港並非一朝一夕之事。

　　在這其中，又以南臺灣打狗港的開放尤為令人匪夷所思。我們最早可在 1861 年 1 月 30 日一封自廈門寄往北京的信件窺見端倪：

　　　　先生，就我所知，英國政府有意在福爾摩沙建立領事館……臺灣的海岸線綿長，卻缺乏港口，雖然在特定的季節裡，可以停泊在沿海任何地方……現在就條約的文字內容而言，不論是中文或者英文的，看起來整個臺灣或福爾摩沙

---

[1] 薛化元主編，《普通高級中學歷史　第一冊》（四版）（臺北：三民書局，2017），頁 93-94；吳學明主編，《普通高級中學　歷史 1》（五版二刷）（臺南：翰林出版事業股份有限公司，2018），頁 90；林能士主編，《普通高級中學歷史　第一冊》（五版）（臺南：南一書局企業股份有限公司，2017），頁 80-81。

（the whole of Taewan or Formosa）都即將開放外國貿易。[2]

這是著名的博物學家郇和（Robert Swinhoe, 1836-1877）在前往臺灣赴任前，向上司英國公使卜魯斯（Frederick Bruce, 1814-1867）確認建立領事業務地點的信件。當時英國在臺灣設立的領事業務，最高層級官員僅至「副領事」一職位，而即將上任的郇和便是首任英國駐臺副領事。[3]

這封信件透露出一個問題，在郇和看來，《中英天津條約》規定開放的港口並不明確，可將臺灣的開港範圍解釋為整座島嶼，即是說在條約簽訂後，臺灣究竟應開放何處作為條約口岸，似無定論，甚至是全島的任何一個港口都有可能成為條約口岸。進一步來說，在當時的外交官員眼中，臺灣開港範圍確實有著模糊且可操作之灰色地帶。

此種可操作之空間，十分鮮明地體現在 1875 年 7 月 3 日一篇《北華捷報》（*The North China Herald*）的報導中：

> 條約說的是：「英國人可以前往……臺灣（福爾摩沙）……以及瓊州（海南）的城市與港口。」《德臣西報》表示這兩個案例指的都是整個島嶼，而非只是港口的名稱。瓊州（海南）相當於臺灣（福爾摩沙）……事實上，在福爾摩沙已開設四個口岸：臺灣、打狗、淡水以及雞籠，而《中英

2　Robert Swinhoe & Robert L. Jarman (eds.), *Taiwan Political and Economic Reports: 1861-1960*, vol. 1. (Slough: Archive Editions, 1997), pp. 3-8.

3　Philip B. Hall, "Robert Swinhoe (1836-1877), FRS, FZS, FRGS: A Victorian Naturalist in Treaty Port China." *The Geographical Journal*, 153(1)(1987), pp. 37-47.

天津條約》上只載明臺灣。[4]

《北華捷報》是一份由英國在華商人於上海創刊的商業報紙，發行期間橫跨 1850 年到 1951 年，流通於各通商口岸，內容偏重英國國內新聞以及中國各地的社會、經濟及政治狀況，是洋商掌握中國及亞洲各地等地區動向的重要資訊來源。[5] 這篇報導，正能展現洋商對臺灣開港的想法為何。

　　這篇報導原意是在討論一艘名為卡里斯布魯克號（Carisbrooke）的船，因停泊於海南的積嘉，而非瓊州，被清政府認定違反條約，因而引發洋商在報紙上對海南開港範圍的辯論。這篇報導相距臺灣四口開港完畢，已是十年後的事情。該報導撰文者之所以提起臺灣，其目的是在將條約往對洋商有利的方向詮釋。撰文者顯然明白，臺灣開港的實際情形與條約內容不符，因「在福爾摩沙已開設四個口岸」，然而「《中英天津條約》上只載明臺灣」。而他之所以再三強調條約中的「臺灣」指的是整座島嶼，便是要合理化打狗和雞籠的開港，並將這種已然存在卻與條約明顯不符的事實，強硬套用於海南的開港範圍上。打狗港作為一未書寫於條約中的條約港，正是供外國商人們在開港範圍上大做文章的例子。該報導點出了臺灣史上重要的一個問題，同時也是本書問題源起：**打狗不在條約之中，為何得以開港？**

4　Anonymous, "The'Carisbrooke' Case." *The North China Herald* (3 Jul.1875), p. 7. 資料檢索日期：2020 年 6 月 15 日，網址：https://search.proquest.com/hnpchinesecollection/docview/1321176639/BF14B3E353AA415EPQ/1?accountid=14228。報導原文即包含括號及括號內文字。

5　Frank Henry Haviland King & Prescott Clarke, *A Research Guide to China-Coast Newspapers, 1882-1911.* (Cambridge: Havard University East Asian Research Center, 1965), pp. 76-81.

第一節　如何思考不在條約中的條約口岸

　　從前面的討論可以發現，打狗開港有其可疑之處。當前學界針對臺灣開港的研究並不多，最具代表性者要屬葉振輝《清季臺灣開埠之研究》。葉振輝除了梳理臺灣開港通商的過程，也處理了許多與海關、外國領事有關的重要課題，是本研究的重要基礎。他大量使用外交檔案，非常詳細地討論了外國人之間的角力，以及外國人參與臺灣開港的過程，並指出促成臺灣開港的因素有三：一、人道因素，外國人欲救援在臺灣沿海失事之外國船隻。二、商業因素，臺灣具鴉片、樟腦、米、糖、煤等商品的貿易利益。三、政治因素，臺灣開港乃西方列強政治妥協的結果，類似促使臺灣對西方列強行門戶開放政策。[6] 儘管葉振輝的研究已經在相當程度上，提供我們了解臺灣開港通商的基礎，但其研究都是以外國人的角度出發，認為臺灣的開港為回應西人要求的結果，並將臺灣四個口岸一體視之，未將臺灣自身的歷史脈絡納入考量，因此仍無法解釋打狗開港的問題。

　　根據葉振輝的看法，打狗之所以開港，乃是源於外國人對打狗的興趣，進而被納入條約體制（treaty system）中。這樣的觀點，實是受到費正清（John King Fairbank）「衝擊—回應」的看法所影響。費正清提出中國因受到西方衝擊而進入近代的史觀，長久地影響了史學界對近代中國的看法。[7] 不過，此種論點在 1970 年代便已受到挑戰，柯文（Paul Cohen）對「衝擊—回應」的說法提出批評，認為應以中

6　葉振輝，《清季臺灣開埠之研究》（臺北：標準書局，1985）。

7　Ssu Yü Teng（鄧嗣禹）& John King Fairbank, *Research Guide for China's Response to the West: A Documentary Survey, 1839-1923.* (Cambridge: Harvard University Press, 1954).

國中心取向進行中國史的議題研究，跳脫早期西方中心史觀的影響，重新檢視中國歷史自身的脈絡與可能性。[8] 濱下武志則提出以「亞洲‧中國」的區域史角度重新看待這段歷史，並指出西方勢力與條約制度其實是附屬在「亞洲‧中國體制」下運作，來反駁費正清的「衝擊─回應」，認為西方對清朝的影響有限。[9] 由前述諸多研究可知，單以外國人的影響力來解釋打狗開港並不足夠。至少並不足以解釋，為何代表強權的西方勢力，沒能使臺灣這座小島一次就完成開港工作，也未能解釋為何開港的結果與條約存有偌大的分歧。

如前所述，打狗港不在條約之中，但最終開港成為條約口岸之一已是不爭的事實。因此我們需要關心的並不是打狗港是否有資格稱為一個條約口岸，而是 19 世紀國際勢力的角力如何形塑了各種各樣的條約口岸。事實上，「何謂條約口岸」實乃一大哉問。條約口岸也常被稱作通商口岸，過去的研究大多未對條約口岸有嚴格的定義。一個世紀以來，研究者普遍同意條約口岸是條約權力（treaty powers）下的產物，尤指西方國家透過簽訂條約在中國享有特權的表現之一。在條約的權力下，外國人得以在條約口岸從事貿易、傳教等活動，形成不同形式的外國人社群，例如租界或者租借地。[10] 然而這樣的定義僅

8　柯文（Paul Cohen）著，林同奇譯，《在中國發現歷史：中國中心觀在美國的興起》（*Discovering History in China: American Historical Writing on the Recent Chinese Past*）（北京：社會科學文獻出版社，2017〔1984〕）。

9　濱下武志著，顧琳（Linda Grove）、馬克‧塞爾登（Mark Selden）編，王玉茹、趙勁松、張瑋譯，《中國、東亞與全球經濟：區域和歷史的視角》（*China, East Asia and Global Economy: Regional and Historical Perspectives*）（北京：社會科學文獻出版社，2009〔2008〕）。

10　William C. Johnstone, "International Relations: The Status of Foreign Concessions and Settlements in the Treaty Ports of China." *The American*

能提供我們一個模糊的形象。

正如同朱瑪瓏提出的「港際情報體制」，條約口岸靠著蒸汽船、電報以及報紙，共享各個條約口岸的情報，彼此緊密聯繫在一起，形成一個獨特的群體。[11] 然而在此已然特殊的大環境之中，卻又各有不同樣態的展現。近年畢可斯（Robert Bickers）及 Isabella Jackson 在 *Treaty Ports in Modern China: Law, Land and Power* 的緒論中也提出了同樣的問題：「何謂條約口岸？」他們指出，儘管各個條約口岸的基本組成要素顯而易見，但條約口岸並沒有一個詳實的模式（detailed templates）。這些港口將形成一個條約口岸的階級制網絡，並在這個網絡中發展出各自的定位。[12] 過去條約口岸的研究往往放在中西外交的視角下進行，近年來出現一些較為新穎的研究方法，例如以人物為個案，透過其生平來研究條約口岸。[13] 足見想要了解條約口岸，必須用各種不同的視角進行研究。

本研究所談之條約口岸，是以 1858 年《天津條約》的內文作為

Political Science Review, 31(5)(1937), pp. 942-948.

11　朱瑪瓏，〈自由貿易、帝國與情報：十九世紀三十年代《廣州紀事報》中的臺灣知識〉，《漢學研究》，32（2）（2014），頁 49-82。

12　Robert Bickers & Isabella Jackson, "Introduction: Law, Land and Power: Treaty Ports and Concessions in Modern China." in Robert Bickers & Isabella Jackson (eds.), *Treaty Ports in Modern China: Law, Land and Power*. (New York: Routledge, 2016), pp. 1-3.

13　相關研究可參考：Robert Bickers, *Empire Made Me: An Englishman Adrift in Shanghai*. (New York: Columbia University Press, 2003); Douglas Fix, "The Global Entanglements of a Marginal Man in Treaty Port Xiamen." in Robert Bickers & Isabella Jackson (eds.), *Treaty Ports in Modern China: Law, Land and Power.*, pp. 158-178.

「何謂條約口岸」的討論基礎。《天津條約》的簽訂並非清朝第一次開放條約口岸，早在 1842 年《南京條約》簽訂後，清朝已開放了一批條約口岸，分別是上海、廣東、寧波、福州、廈門等，一般稱為五口通商。[14] 然而率先將新式海關的設立列入條約口岸之條件中，實乃《天津條約》首開之例。根據《中英天津條約》第七款，作為一個條約口岸，應准許外國領事駐紮，又根據其關稅章程《中英通商章程善後條約》第十款，條約口岸需建立新式海關的徵稅體制，委聘洋人擔任稅務司代收洋船關稅。[15]

不過條約的規定與其實際執行，亦存有兩者不相符的案例。例如臺灣的臺灣府，同樣在 1858 年《天津條約》簽訂後開放，然而直到 1865 年才正式開港通商，且 1870 年代以後臺灣府的安平海關才具有獨立執行稅務的能力。又例如在 1858 年《天津條約》中開放的海南，實際上到了 1876 年後才設置海關。[16] 雖然有這些特例，但綜上所述，我們仍能大致將條約口岸定義為具備有領事服務及新式海關制度，並開放外國人貿易之口岸。以這樣的標準來檢視打狗，便可發現，打狗具備了一切「完美的」條約口岸應有的設置：負責與外國人打交道的清政府官員、新式海關以及外國領事館。

綜上所述，參與條約口岸設立的行動者們，多樣且複雜，而在本

14　費正清（J. K. Fairbank）著，韓嘉玲譯，〈條約體制的建立〉，收於費正清編，張玉法等譯，《劍橋中國史　晚清篇 1800-1911（上）》（*The Cambridge History of China: Late Ch'ing 1800-1911*）（臺北：南天書局有限公司，1987），頁 268-272。

15　海關總署《中外舊約章大全》編纂委員會編，《中外舊約章大全》（北京：中國海關出版社，2004），頁 298、379。

16　趙淑敏，《中國海關史》（臺北：中央文物供應社，1982），頁 25。

書中登場的行動者又可細分為以下幾種類別：

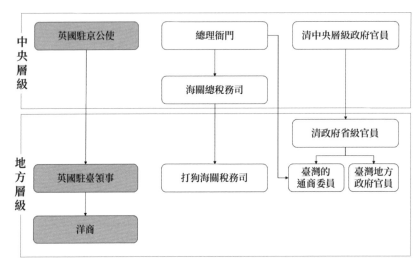

圖 1-1　設立條約口岸各層級行動者之示意圖
資料來源：筆者自繪。

　　圖 1-1 中以中央層級及地方層級兩者區分不同層級的行動者，中央層級為政府的高層，灰底表示外國勢力，白底表示清政府官員，箭號則表示管轄關係。過去的研究多半是在中央層級的範圍中討論條約港，或者強調領事的重要性。[17] 但條約港的開設終究必須落實在地方，因此不可能將地方層級的相關群體排除在外。而在此之中，又因為層級的不同，區分為中央層級與地方層級，中央層級表面上看起來權力大，但實際上真正執行開港任務的是地方層級的行動者。他們之間的想法無法一概而談，而是有各自的考量。無論是單純以外國強權的角度討論條約口岸，又或者區分中外，將條約口岸視作兩者對抗的結果，都不足以呈現條約口岸的複雜性。在後續的討論中，我們便能

17　例如：葉振輝，《清季臺灣開埠之研究》。

看到上述各種不同群體在條約口岸產生的交互作用，甚至正由於這些地方層級官員的反應，增加了臺灣開港的複雜程度，也是在他們的行動下，促成本不在條約中的打狗港躍升為條約口岸。

第二節　設立新式海關的意義

新式海關在打狗開港中所扮演的角色，我們可以將其作為一新型態財政機構的特質來思考。當一個新的機構成立時，在現行體制不變的情形下，往往會壓縮既有機構的利益。新式海關在晚清的財政制度上，正扮演著這樣的角色，而受其影響者是至關重要的財政。要了解新式海關及關稅對臺灣財政造成的影響，首先必須了解臺灣在設立新式海關以前所運行的關稅制度。

清朝傳統的關稅制度缺乏彈性。清代的稅賦制度向來是擬定一定數額後，不輕易變動，以至於若有臨時性的大筆支出，便容易陷入入不敷出的窘境。[18] 新式海關便是清朝從固定稅額外，尋求新財源的重要舉措。清朝原有的關稅制度稱作榷關制度，是一種在各地設立關卡並徵收關稅的制度。榷關制度最早形成於明代，清朝繼承並擴大發展。榷關的最高主管機關主要為戶部，但因清朝對稅收的劃分相當多樣化，因此榷關的管理者相當廣泛，包括地方之總督、巡撫、監督等等。

榷關以徵收內地關稅為主，但在 1684 年清朝版圖納入臺灣之後，翌年便開放海禁，在沿海口岸陸續設置了榷關，這種榷關被稱作海關，這也是清代與明代在榷關制度上最大的差異。清政府依次設立

18　倪玉平，《清代關稅：1644-1911 年》（北京：科學出版社，2017），頁 1-4。

了閩、粵、江、浙四海關，閩海關初始設在廈門，後轉移至福州，而粵、江、浙等海關則分別設置於廣州、上海以及寧波。[19] 不過此時建立的海關，並非本書所稱之新式海關，也尚未有洋人加入管理。

清代臺灣長期歸列福建省轄下，兩者之間在行政制度上密不可分，關稅制度也是如此。過去的研究雖常有針對臺灣與中國大陸兩岸之間貿易的研究，但多半聚焦於經貿變化，或者政策發展。[20] 現行研究較少談及兩地貿易的實際運作情形，因此我們對於臺灣在設置條約口岸以前的關稅制度不甚了解。要了解設置新式海關以前臺灣的關稅制度，首先要釐清的是臺灣在設置條約口岸前是否設有海關。閩浙總督慶端（生卒年不詳）曾在討論臺灣開港時指出：「至應徵稅課，查閩省福州、廈門等口原設海關，係由福州將軍衙門兼管，分派口員專司徵納。臺灣雖無原設海關，第同一徵收稅課⋯⋯」[21] 即是說，在設置條約口岸以前，臺灣本島並未設有海關。

臺灣雖未設有海關，但並不等同臺灣的口岸缺乏管理。清政府以設置對渡口岸的方式來管理臺灣的口岸。1684 年設廈門與鹿耳門對

---

19 祁美琴，《清代権關制度研究》（呼和浩特：內蒙古大學出版社，2004），頁 1-12。

20 相關研究可參考：林滿紅，《茶、糖、樟腦業與臺灣之社會經濟變遷（1860-1895）》（臺北：聯經出版事業公司，1997）；林玉茹，〈由私口到小口：晚清臺灣地域性港口外貿易的開放〉，收於林玉茹主編，《比較視野下的臺灣商業傳統》（臺北：中央研究院臺灣史研究所，2012），頁 135-167 等。

21 閩浙總督慶端、福州將軍兼管閩海關東純、福建巡撫瑞璸，〈為遵旨會議咪國使臣請在閩省臺灣口岸開市完稅籌備緣由事〉，咸豐九年十一月二十九日（1859/12/22）（上奏），收於臺灣史料集成編輯委員會編，《明清臺灣檔案彙編》第 64 冊（臺南：國立臺灣歷史博物館；臺北：遠流出版事業股份有限公司；臺北：國立臺灣大學圖書館，2008），頁 240-243。

渡，1784及1788年因私口的發展，又分別增設蚶江與鹿港對渡，以及五虎門與八里坌對渡兩條航線（如圖1-2）。1810年時，這三條航線才打破對渡口岸的規定，可以互相往來。到了1826年又增開彰化五條港、噶瑪蘭之烏石港。[22]對渡制顯然是想將臺灣的口岸全數歸閩海關所管理。顯現出清政府對臺灣的統治構想，是依附在福建省之下設計，兩者在行政體系上有著密不可分的關係，財政上也緊密關聯。

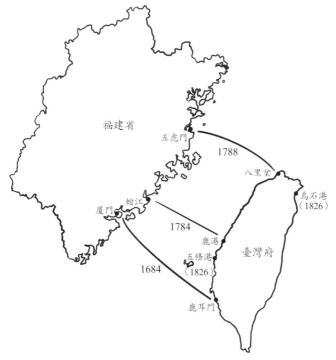

圖1-2　臺灣對渡口岸圖

資料來源：筆者自繪，概念參考郭義得，〈清代閩海常關組織與職能之研究〉（臺南：國立成功大學歷史系碩士論文，2009），頁77（圖3-4）。

22　郭義得，〈清代閩海常關組織與職能之研究〉（臺南：國立成功大學歷史系碩士論文，2009），頁75-77。

　　雖然臺灣本地的口岸不具徵收關稅的作用，但有稽查功能。臺灣的口岸設有文、武口，文口由文官負責，武口由武官負責，較重要的口岸可能兩者兼有，例如長期作為正口的鹿耳門。文口負責稽查船隻及驗票等工作，最上級官員為臺灣道，但由同知、巡檢執行盤查，船籍與戶籍為檢驗重點；武口主要負責汛防及查緝走私等工作，由汛堂弁兵執行，人與貨為檢驗重點。兩口稽查時都會徵收規費，但時常傳出有濫收規費或收賄等情形，對負責管理口岸的人員而言，這顯然是一筆可觀的利潤。[23] 總而言之，臺灣的口岸至多向商船徵收盤查規費，主要肩負稽查的工作，並不具備對商人課徵關稅的能力。

　　既然臺灣並未設置海關，關稅自然不在臺灣本地的口岸徵收。據《廈門志》的記載，欲渡臺之商民，必須向原籍地方官申請商船牌照，以便口岸官員盤查，無誤方可出洋渡臺，否則視同偷渡。商船抵達臺灣本地口岸時，也須經官員驗明牌照後，方可出入港口。完成貿易後，商船則必須至具納稅功能的稅口上繳關稅，然而並非所有口岸都具納稅功能，與臺灣對渡者僅廈門港具納稅功能。[24] 由上述可知，在設立新式海關以前，臺灣貿易所產生的稅額必須至廈門繳納。清朝視臺灣為福建省轄下一府，並將其行政體系與廈門結合。

　　以上是新式海關引進前，臺灣口岸的管理方式，不過關稅制度在中西接觸日漸頻仍下產生了變化，臺灣也在這一波變化之中。清代前期對外貿易有「分殊主義」的特性，即對本國人及外國人採取不同

23　林玉茹，《清代臺灣港口的空間結構》（臺北：知書房出版社，1996），頁 147-157；許毓良，《清代臺灣的海防》（北京：社會科學文獻出版社，2003），頁 47-57、122-134。

24　周凱總纂，《廈門志》，臺灣文獻叢刊第 95 種（臺北：臺灣銀行經濟研究室，1961〔1832〕），頁 107-108、166-172、196-198。

的待遇，並且對不同的國家實行不同的辦法。大抵上外國船隻在閩、
粵、江、浙四個海關之間進行貿易，包含西洋、東洋、南洋等各國貿
易。在洪任輝事件（1757）後，歐美國家的貿易逐漸被限制在廣州
一口進行。[25] 在 1842 年鴉片戰爭結束後，因《南京條約》而開放通商
的五口，即上海、福州、寧波、廈門、廣州，便沿用榷關制度下所設
置的海關，徵收外國人關稅。五口通商的口岸，恰為前述的閩、粵、
江、浙海關設置的地點。這五個海關都是由清政府進行人事任命，外
國人及商人無從置喙。[26] 不過，1842-1851 年期間，因以關稅作為賠
款擔保，曾使駐各埠的外國領事徵收自己國民來中國貿易的關稅，中
國海關官員只能徵收本國船隻的關稅。「海關」一詞在此後開始有不
同的指涉對象，狹義而言，指的是通商口岸收外國船關稅的海關，而
在此之外其他的關口則有「常關」的稱呼出現。[27]

　　作為條約口岸特徵之一的新式海關，實際上乃是清末動亂中的產
物。1853 年上海小刀會佔據了上海縣城，上海道吳建彰逃離縣城至
租界避難。上海海關行政事務因此癱瘓，對外國船隻往來以及關稅徵
收造成重大影響。為了確保彼此的利益，英、美、法三國領事與吳建

25　陳國棟，〈清代前期（1644-1842）海洋貿易的形成〉，收於陳國棟編，
　　《東亞海域一千年》（臺北：遠流出版事業股份有限公司，2013），頁 258-
　　270。洪任輝事件係指 1757 年，通事洪任輝（James Flint）不願遵從清政府
　　的意思至廣州貿易，執意前往浙江貿易，最後促使清政府加強對洋船在廣
　　州一口通商的規定。

26　陳詩啟，《中國近代海關史（晚清部分）》（北京：人民出版社，1993），頁
　　1-3。

27　陳國棟，〈海關〉，收於于宗先主編，《經濟學百科全書 · 經濟史》（臺北：
　　聯經出版事業公司，1986），頁 198-203；陳國棟，〈常關〉，收於于宗先主
　　編，《經濟學百科全書 · 經濟史》，頁 225-226。

彰合作，協助他重建上海海關，但由於外國船隻不服中國官員管理，常有不行報關、結關之事發生，最後只得將徵收外國人關稅的徵收權委由外國領事派員進行。[28] 1858 年《天津條約》的附約《通商章程善後條約》規定，自此以後清朝各條約口岸應統一辦理，由清政府聘請外國人擔任稅務司。[29] 於是，由清政府委任洋人代徵洋船關稅的模式就此確立，並推廣至各個海關。各海關稅務司則由總稅務司統籌，隸屬於總理衙門之下。這些由外國人管理的海關，當時又被稱作「洋關」，或者「新關」，但原有的榷關並未就此廢除，它們被保留下來作徵收本國人關稅之用，並被稱作「常關」。[30] 打狗海關即是在此背景下設置之海關，肩負課徵來臺貿易之洋人商稅的責任，是條約口岸不可或缺的重要機構。

以恭親王奕訢（1833-1898）為首的中央層級官員，早在自強運動（1861-1895）初期便已認識到新式海關關稅的重要性。到了 1870 年代，不論中央層級官員或者地方督撫，已將海關洋稅視為比釐金更為可靠的海防經費了。[31] 近來有學者提出了新的觀點，認為晚清並非像過去研究所說，中央大權旁落，地方督撫崛起，而是中央從各個層面設法牽制地方勢力，奪回中央掌控權，設立新式海關便是其中一種做法。中央層級政府透過海關洋稅，確立其對關稅的控制，由於有外國稅務司統計造冊海關收入並呈報中央，加上泰半比例的關稅皆解運

28　陳詩啟，《中國近代海關史（晚清部分）》，頁 14-84。

29　海關總署《中外舊約章大全》編纂委員會，《中外舊約章大全》，頁 379。

30　陳詩啟，《中國近代海關史（晚清部分）》，頁 14-84。

31　劉翠溶，〈關稅與清季自強新政〉，收於中央研究院近代史研究所編，《清季自強運動研討會論文集》（臺北：中央研究院近代史研究所，1988），頁 1005-1032。

京城，即便是地方督撫亦不能直接控制海關洋稅。[32] 這裡我們不談論
中央及地方政府孰強孰弱，但至此已經可以明白觀察到，條約口岸的
開設，並非總是因為外國人要求開港之故，它隱含的其實是利益重新
分配，以及如何分配的問題。

　　以上的討論提供我們一個檢視打狗設置海關的切入點：設立新式
海關以後，是否會影響到既有制度的利益分配？在條約港的建設後，
除了洋商順理成章地加入打狗港的貿易活動外，接踵而來的將是新的
制度以及新的管理人員。而本書所要談的，便是新加入的行動者們，
與原有制度下的行動者們彼此之間的競合、交鋒與各種權宜之計。

第三節　將打狗港視為中外關係的實踐場域

　　本書企圖以打狗開港設關的過程為研究主軸，聚焦於 1858 年至
1865 年間的變化，釐清不同的群體在條約口岸的交互作用，將條約
口岸視為中外關係在地方實踐的場域，藉此更進一步探討臺灣開港通
商的歷史意義。19 世紀諸多條約口岸中，相較於上海，打狗自然不是
名列前茅的條約港口，但它卻能代表大多數中、低規模的條約口岸。
釐清打狗開港的過程，令我們可以觀察一個條約口岸在地方實際建立
時，可能經歷的各種階段與變化，而在爬梳各個階段的同時，也能解
開打狗為何開港的疑問。

　　我將打狗成為條約口岸這個歷史事件，視作標本切片般放置在
顯微鏡下觀察，細分作幾個階段逐一檢視，分別是：調查、提案、開

32　邱濤，《咸同年間清廷與湘淮集團權力格局之變遷》（北京：北京師範大學
　　出版社，2016），頁 336-338。

港，最後是開關。當我們將打狗港視為中外關係的實踐場域時，便要釐清參與各階段的不同群體，以及各個群體的行動，不能將之全部混為一談。因此在史料的運用上，便必須綜合使用中外雙方不同層級的檔案。

李佩蓁的《地方的視角：清末條約體制下的臺灣商人的對策》非常清晰且詳盡地整理了探討條約口岸時會使用到的三層史料，她將其歸類為：A 層史料，包含駐京公使、海關總稅務司署以及總理衙門，代表國家上層官員的檔案；B 層史料，則是代表地方層級官員的領事、海關與地方官員；C 層史料，則是在港口活動的洋商與華商。[33] 這裡借用其三層史料的概念，配合打狗設立條約口岸的各個階段，來解釋本書如何使用諸多檔案討論打狗開港的問題。本書使用較多的為 A 層及 B 層史料，再輔以部分 C 層史料補足官方書寫未能企及之處。

首先是調查，在正式進入打狗開港的過程之前，實有必要了解開港前的打狗究竟有何吸引力，使其在日後雀屏中選，成為條約口岸之一。本書第二章〈開港前的打狗港〉即是想從中外雙方對打狗的認知，來探詢日後打狗開港的契機。在這個章節，為了更全面地討論開港前的打狗港，我分成三個視角討論，第一個視角是清政府，第二個視角是代表英國上層階級的外交官員額爾金（Earl of Elgin, 1811-1863），第三個視角則是代表英國下層階級的外交官員郇和。

除了清代地方志，我運用了英國下議院文書（*British Parliamentary Papers*），以及英國外交人員自身的著作進行這部分的討論。英國下議院文書中的外交文書屬於三層史料中的 A 層，為中央層級政府的

---

33 李佩蓁，《地方的視角：清末條約體制下臺灣商人的對策》（臺北：南天書局有限公司，2020），頁 10-16。

外交人員檔案。該文件相當龐雜，含有大量駐京公使與母國政府的通訊，這些文件經由打字排版後，整理成冊出版印刷。相較之下，郇和的著作則屬於三層史料中的 B 層，是代表地方層級的外交人員實際走訪臺灣港口後的報告，更直接地顯現出當時的打狗港。

接下來則討論提案的過程。提案的過程分作兩個部分，第一部分討論中央層級的政府官員在條約擬定中，對於臺灣的條約口岸的提案，第二部分則以條約簽訂後，地方層級官員對實際開港地點的提案。

第三章〈《天津條約》的談判過程與臺灣開港的提出〉回到導致臺灣開港的《天津條約》本身，重新檢視《天津條約》的談判過程，試圖從其過程中釐清條約中臺灣開港的範圍，以回應前面《北華捷報》上的洋商們為了海南開港範圍所提出的臺灣開港範圍問題。由於這個章節著重於條約談判，登場的是代表國家談判的中央層級政府官員，因此本章大量使用三層史料中的 A 層史料。

清政府方面以《籌辦夷務始末》及《四國新檔》為主。《籌辦夷務始末》是清政府官修的對外關係檔案匯編，包含道光、咸豐以及同治三朝。其中搜羅的檔案主要集中在清廷上層官員的奏摺以及皇帝或軍機處的回覆，過去中外關係研究也經常使用這批檔案。本研究主要使用的是咸豐及同治兩朝的檔案，藉由《籌辦夷務始末》來了解清廷對開港的看法。《四國新檔》同樣是清朝外交檔案之匯編，但是按照國別分為英國檔、俄國檔、法國檔及美國檔，涵蓋期間較短，從1850 年到 1863 年為止，其中有些檔案與《籌辦夷務始末》重複或略有出入，但也有些檔案只見於《四國新檔》。而在俄、美、英、法四國代表方面，則利用各國與清政府簽訂之中外文《天津條約》作為對

照，輔以代表個人所撰文集來討論他們對於開港地點的想法。

　　至此為止，由於打狗仍未正式出現在條約港口的選擇之中，因此必須更進一步檢視條約簽訂後到實際開設條約口岸之間，究竟又遭遇了哪些波折。前人研究對於臺灣實開幾口有不同的看法。常見的說法有二：一種係將淡水、雞籠視為一口，安平、打狗視為一口；一種則將淡水、雞籠、安平、打狗視為獨立的條約口岸。[34] 會有這樣的差異，正是由於打狗儘管具備了一切條約口岸的特質，但其並非條約簽訂時原本屬意的口岸所導致。因此我們必須回頭檢視，朝廷如何討論打狗開港，以及如何定位打狗港。

　　第四章〈打狗開港的提出〉，檢視了 1858 年簽訂《天津條約》後清政府內部如何討論臺灣開港，並從中尋找打狗開港提出的線索。本章一方面使用清政府官員的奏摺，來檢視他們如何在朝廷中討論打狗開港的提案，另一方面則利用海關資料及英國外交部檔案來檢視臺灣實際開港的過程。清政府官員的奏摺中，可以看到總理衙門、海關體系的官員以及地方督撫對於增開打狗的提案所做的發言，屬於三層史料中的 A 層史料。至於地方口岸實際開港的情形，則可從英國外交部檔案窺見端倪。

　　英國外交部檔案即 FO 檔案，FO 為 Foreign Office 的縮寫，中央研究院即有部分收藏，該檔案為駐條約口岸領事所撰之各種報告，屬於三層史料中的 B 層史料。臺灣最常使用的 FO 檔案當屬第 228 號檔案，即 FO 228。FO 228 為英國在中國領事館的檔案，為按年排序

34　相關研究可參考：葉振輝，《清季臺灣開埠之研究》；戴寶村，《清季淡水開港之研究》國立臺灣師範大學歷史研究所專刊（臺北：國立臺灣師範大學歷史研究所，1984）。

的檔案，其中包含領事報告，以及領事的信件等等。[35] 雖然《臺灣政經報告》（*Taiwan Political and Economic Reports*）匯集了部分 FO 檔案，但是並不完全，比如在《臺灣政經報告》1861 年的檔案中，雖然可見許多郇和寫給卜魯斯的信件，但卻未收錄卜魯斯的回信，也未見隨同郇和駐臺的柏卓枝（George Braune, 1838-1864）的信件，不過其實卜魯斯的回信和柏卓枝的信件同樣保存在 FO 228 中。透過這些書信，我們得以了解臺灣各個口岸的港埠狀態，以及開港過程中遭遇的困難，用以檢視官員們在朝廷上發言背後可能潛在的目的性。

最後則是開港與開關。前面已經提過，根據《天津條約》，一個完整的條約口岸除了外國領事的設置外，也須具有新式海關，如此方能對外國商人課徵關稅。打狗作為臺灣的條約口岸，自然也引入了這套新體制。這是臺灣本地口岸徵收關稅的濫觴，同時也代表著臺灣藉由打狗等條約口岸，進入了 19 世紀以條約體制建構的世界貿易體系。

過去的研究並未區分「開港」與「開關」的不同，常將二者等同視之，雖然條約口岸的最終目的在於設立海關徵收洋稅，然而在打狗的案例上，存在有半年的差距，因此本研究必須將「開港」與「開關」視為不同的狀態，才能更細緻地談論制度的逐步轉變。本書將「開港」視為港口對外國人開放貿易，「開關」則為港口設置新式海關並執行稅務。

第五章〈打狗海關的開設過程〉及第六章〈打狗海關的管理與稅收制度〉運用了各式海關出版品以及 FO 檔案，藉此呈現海關體系

35　有關 FO 檔案的介紹及運用，可參考：黃文德，〈台、港兩地圖書館館藏英國外交部檔案相關微卷之狀況及運用方法〉，《檔案與微縮》，75（2004），頁 19-35。

的勢力在進入臺灣時遭遇的種種困難。這裡運用的海關檔案，橫跨三層史料中的 A 層及 B 層。清末海關出版品不僅類別繁多，且數量龐大，有必要花費一些篇幅分別介紹。

在陳計堯 "A Critical Introduction to the Periodical Publications of the Maritime Customs in Southern Taiwan, 1863-95" 一文中，介紹了南臺灣的清末海關資料以及使用時會遇到的問題，可作為初入清末海關研究者的指引。陳計堯特別針對南臺灣相關之海關出版品做了總體的觀察，並詳細地梳理了在實際運用時的優缺點，除此之外，他也點出地名拼音不統一的問題，在史料的運用上應多加注意。像是打狗就有「Takow」或「Takou」等拼法。過去研究主要使用的是〈海關貿易統計〉（trade returns）以及〈海關貿易報告〉（trade reports），這兩種都是定期出版品，發行期間長且連續，〈海關貿易統計〉主要為貿易數據統計，例如商品的進出口數額，〈海關貿易報告〉則為以文字解釋貿易統計數據變化的書面報告。清末海關資料有許多復刻版本，但各版本注重部分不同，因選擇性排版而有所出入，加上海關出版品數量龐大繁雜，可以說目前沒有一套清末海關資料完整收錄清末海關出版品。[36] 有鑑於此，本書使用了以下幾種不同版本的海關史料相互補充，以期更全面地討論打狗開港。

1. 黃富三、林滿紅、翁佳音主編，《清末臺灣海關歷年資料》[37]

---

36 Kai Yiu Chan（陳計堯）, "A Critical Introduction to the Periodical Publications of the Maritime Customs in Southern Taiwan, 1863-95. " *Asian Research Trends New Series*, 13(2018), pp. 51-70.

37 黃富三、林滿紅、翁佳音主編，《清末臺灣海關歷年資料》（臺北：中央研究院臺灣史研究所籌備處，1997）。

　　《清末臺灣海關歷年資料》主要收錄臺灣通商口岸的各關年度報告，故能對臺灣開港通商後的貿易能有較全面性且長時間的了解，除了進出口等貿易數據外，也有各港口稅務司所寫的文字報告。此版本收錄的海關報告主要為年度報告，但並非自開關起便收錄在冊，其中有文字說明的〈打狗海關貿易報告〉（Takow trade report）也從 1874 年才開始收錄，在此之前都只有貿易的統計數據，較難了解打狗關開關初期貿易以外的情況。由於〈打狗海關貿易統計〉雖名為「打狗」，但實際上也包含臺灣府的貿易數據，如果沒有文字說明，很難了解個別口岸的情形。[38] 因此尚需仰賴其他版本的海關史料。這一系列的史料為地方海關產出之檔案，因此屬於 B 層史料。

　　2.《中國舊海關史料》編輯委員會編，《中國舊海關史料（1859-1948）》[39]

　　《中國舊海關史料（1859-1948）》為保存於中國第二歷史檔案館的海關檔案，收錄了海關出版之貿易統計及貿易報告，檔案以一年為單位之報告居多。雖然史料性質與吳松弟所編版本之統計系列類似，但仍有不同之處。此版本之海關資料，起始時間較早，包含 1859 年開始之報告，其中與臺灣有關者，最早可以找到 1863-1864 年間的報告，這是其他版本所沒有的重要史料。[40]

38　Kai Yiu Chan（陳計堯）, "A Critical Introduction to the Periodical Publications of the Maritime Customs in Southern Taiwan, 1863-95." p. 54.

39　《中國舊海關史料》編輯委員會編，《中國舊海關史料（1859-1948）》（北京：京華出版社，2001）。

40　"Returns of Trade at the Port of Takou–Formosa, Under Provisional Regulations. From 26th October, 1863, to 5th May, 1864. And from 5th May, to 31st December, 1864." 收於《中國舊海關史料》編輯委員會編，《中國舊海關史料（1859-

另外，《中國舊海關史料（1859-1948）》尚包含《海關十年報告書》（*Decennial Reports on the Trade, Navigation, Industries etc of the Ports Open to Foreign Commerce in China and Corea and on the Condition and Development of the Treaty Port Provinces*），亦為其他版本所無。《海關十年報告書》為海關在 1882 至 1931 年間推出以每十年為一個單位的十年報告書。本書所稱《臺灣海關十年報告書》為《海關十年報告書》與臺灣相關的部分，雖然臺灣因在 1895 年割讓予日本，故僅有 1882 年到 1891 年這一期，但《臺灣海關十年報告書》的可貴之處在於它提供了一個長時間觀察的視角，有助於我們對清末臺灣這段期間的變遷，建立更全面性的了解。本研究主要參考的是臺南關的部分。這些由地方海關產生的檔案，如前述，屬於 B 層史料。

3. 吳松弟編，《美國哈佛大學圖書館藏未刊中國舊海關史料（1860-1949）》[41]

《美國哈佛大學圖書館藏未刊中國舊海關史料（1860-1949）》為一套共計 283 冊，有著紅色硬殼燙金字封面的龐大史料。這批史料原收藏於美國哈佛大學圖書館，多為當時任職於新式海關的洋人所贈，由吳松弟編列整理，於 2014 年以復刻本的形式出版。該套書分為統計系列、特種系列、雜項系列、關務系列、官署系列、總署系列、郵政系列以及未列入各類的他類之書。相較於《清末臺灣海關歷年資料》、《中國舊海關史料（1859-1948）》，此版本除了貿易報告外，還包含許多其他類型的海關出版品，例如水文調查、總稅務司通令

1948）》，頁 663-681。

41 吳松弟編，《美國哈佛大學圖書館藏未刊中國舊海關史料（1860-1949）》（桂林：廣西師範大學出版社，2014）。

等等，可以為商貿以外的研究領域提供更多史料參考。而貿易報告除了年度報告以外，還有季報等更詳細的資料可供參考。另外此版本收錄有既有《清末臺灣海關歷年資料》中缺乏的 1865、1866、1867、1868、1870 以及 1873 年的〈打狗海關貿易報告〉。這一系列的史料不僅有地方海關的報告，亦有總稅務司署發布的命令等等，因此涵蓋 A 層及 B 層史料。

　　過去有關清末海關的研究，基本上是沿襲馬士（H. B. Morse）《中華帝國對外關係史》及費正清《劍橋中國史　晚清篇 1800-1911》等研究的脈絡，集中於總理衙門、外國駐京公使、海關總稅務司赫德（Robert Hart, 1835-1911）等「中央層級」的研究，著眼於清廷與外國的外交關係上，對於海關在各口岸的實際運作情況並無太深入的了解。[42] 中國學界對海關的研究，早期多將海關視為帝國主義入侵中國的其中一環，這一類的研究即使意識到新式海關的成立增加了清政府的收入，甚至帶來一些近代化的措施，也都會強調該機構的本質是帝國主義對中國的迫害，將其視為喪失關稅自主權的恥辱。[43]

　　整體來說，以上這些研究都著重在海關中最高階層的管理人員總稅務司身上，在談到設置條約口岸時，也都將其歸於總稅務司。例如費正清、陳詩啟在談論清末海關開辦時，都認為清政府將開設海關的工作交付與總稅務司，由其琢磨要如何按照條約內容去辦理各地的條

---

[42] 馬士（H. B. Morse）著，張匯文譯，《中華帝國對外關係史》（*The International Relations of the Chinese Empire*）（上海：上海書店出版社，2000〔1910〕）；費正清（J. K. Fairbank）編，張玉法等譯，《劍橋中國史　晚清篇 1800-1911》（*The Cambridge History of China: Late Ch'ing 1800-1911*）。

[43] 例如：戴一峰，《近代中國海關與中國財政》（福建：廈門大學出版社，1993）；陳詩啟，《中國近代海關史（晚清部分）》。

約口岸。[44] 甚至是近年的研究，方德萬（Hans van de Ven）《潮來潮去：海關與中國現代性的全球起源》（*Breaking with the Past: The Maritime Customs Service and the Global Origins of Modernity in China*）也仍舊以總稅務司為中心在談論海關制度。[45] 此種論述方式，很容易將條約口岸的開辦簡化為總稅務司一個人的事務。

但從清政府檔案可知，辦理條約口岸、設置各口岸海關的事務，並非全由總稅務司執行。任智勇《晚清海關再研究：以二元體制為中心》即提出晚清海關並非只有由外國人擔任的稅務司，尚有以海關監督為主的華人官員。稅務司僅擔負「估稅」之責，稅額後續的保管、解運及分配都是由華人官員負責。[46] 任智勇的研究打破以往以外國人主導新式海關的印象，對本研究釐清打狗海關的管理者具啟發作用。

因為**建設條約口岸的過程，本身就是將新式海關落實在地方的過程**，本書才要如此細緻地觀察各個階段的變化，方能凸顯打狗開港在條約體制時代下所代表的意義。

---

44 費正清（J. K. Fairbank）著，〈條約體制的形成〉，頁 302-309；陳詩啟，《中國近代海關史（晚清部分）》，頁 75-97。

45 方德萬（Hans van de Ven）著，姚永超、蔡維屏譯，《潮來潮去：海關與中國現代性的全球起源》（*Breaking with the Past: The Maritime Customs Service and the Global Origins of Modernity in China*）（太原：山西人民出版社，2017〔2014〕）。

46 任智勇，《晚清海關再研究：以二元體制為中心》（北京：中國人民大學出版社，2012）。

第二章　開港前的打狗港

　　想要知道打狗港為何會成為條約口岸，無論如何都應該先從開港以前，簽訂條約的雙方對打狗有何認識開始談起。因此，本章的目的在於透過清政府、上層英國外交官員額爾金，以及下層英國外交官員郇和的視角，來尋找打狗為何會被選為條約口岸的線索。

　　19 世紀的東亞海域進入了一個全新的時代，越來越多西方人來到東亞。最先到來的往往是搜尋新的貿易契機的商人，他們常常比官方的力量更快進入東亞，有些甚至發展到相當龐大的規模，例如英國東印度公司在印度的統治活動。這時候的殖民活動已逐漸轉為自由貿易帝國主義（Imperialism of Free Trade）類型的殖民活動。自由貿易帝國主義有別於傳統的帝國主義，它的目的不在獲取有形的殖民地，而是獲得商業利益。[1] 因此外國商人意不在武力殖民清朝，而是希望清朝開放更多通商口岸。

　　打狗即是在此時有越來越多的外國人造訪。儘管打狗尚未開港，但並不乏外國人的足跡，因此打狗是在外國人有一定的認識下被選為開港的選項之一。然而，我們對 19 世紀的打狗港所知甚少，這是由於地方志編纂的時間落在差距甚大的兩端，分別為 18 世紀以及臺灣割讓前夕。

　　在清代臺灣的行政區劃中，打狗港屬於鳳山縣所轄範圍，遺憾的是，現存清代鳳山縣相關的地方志，因其纂修時間差距甚大而存在著一段歷史空白，開港通商恰好落在這段時期。吳密察在〈「歷史」的出現〉已提醒過我們因地方志纂修時間所造成的歷史空白，如何影響

1　John Gallagher & Ronald Robinson, "The Imperialism of Free Trade." *The Economic History Review New Series*, 6(1)(1953), pp. 1-15.

我們對臺灣歷史的認識。[2]

現存與清代鳳山縣相關的地方志有《鳳山縣志》（1720）、《重修鳳山縣志》（1764）及《鳳山縣采訪冊》（1894）。《重修鳳山縣志》和《鳳山縣采訪冊》整整相距一百三十年，而臺灣隨即又在 1895 年因甲午戰敗而割讓予日本，顯現出地方志的編纂上存在著一段空白期。儘管《鳳山縣采訪冊》之內容即開港通商後的情形，但成書時間距離開港初期甚遠，在 1860 年代到 1895 年這三十幾年間，臺灣的社會、制度等等亦仍不斷地變動，因此難以單憑《鳳山縣采訪冊》推知 1860 年前後的打狗港。這同時也進一步透露，19 世紀中葉的打狗港其實並不為官方所重視——有趣的是這樣一個不被重視的港口最後竟被選作埠址之一。究竟打狗港對外國人有何吸引之處，我們較難透過官方文書判斷，所以 19 世紀中葉外國人留下的紀錄也就顯得格外重要。

由於清朝官方書寫的缺乏，只能從外國人的視角出發以彌補我們對開港前打狗的認識。從黃嘉謨、葉振輝以及龔李夢哲等人的研究，都告訴我們在這段空白時期，外國人已活躍於打狗港。[3] 因此外國人對打狗的認識，以及在打狗的活動紀錄，便成為了解開港通商前打狗港的重要史料。

2　吳密察，〈「歷史」的出現〉，收於黃富三、古偉瀛、蔡采秀編，《臺灣史研究一百年：回顧與研究》（臺北：中央研究院臺灣史研究所，1997），頁 2-10。

3　相關研究請參考：黃嘉謨，《美國與臺灣：一七八四至一八九五》（臺北：中央研究院近代史研究所，1979）；龔李夢哲（David Charles Oakley）著，高雄市政府文化局編譯，《臺灣第一領事館：洋人、打狗、英國領事館》（*The Story of the British Consulate at Takow, Formosa*）（高雄：高雄市政府文化局，2013）；葉振輝，《高雄市早期國際化的發展初探》（高雄：高雄市文獻委員會，2005）。

不過高層的外交官員又是如何獲取地方口岸的情報，以便將打狗列入通商口岸候選名單呢？19世紀中葉在打狗活動的外國人，主要為商人、傳教士以及政府官員。這些外國人中，長時間在港邊活動的人應為商人或傳教士。在東亞海域活動的外國政府官員，多半是外交人員或者海軍軍官，他們一般被派駐在清政府准許外國人活動的地區，但他們有時也會離開駐地，前往附近的海岸進行考察。這些探查活動多半是由於上層的政府官員希望獲得某些資訊，而派遣基層的外交人員進行考察。

在本章第二節初登場的額爾金即扮演港際資訊的需求者，他為了談判而需要透過其他在中國活動的英國人來蒐集情報。他主要利用的是商人的港際活動，並且由地方外交官員蒐集這些基層商人的情報。而郇和則扮演接獲上級指令，進一步蒐集情報的第一線外交人員。

第一節　良港或廢港？──清朝官方筆下的打狗港

19世紀的清朝以及日本都面臨了外國人要求開港的處境，臺灣也被捲入這股條約港的潮流，打狗也因此成為條約港之一。打狗在臺灣歷史的舞臺上，可以說是從開港通商後才登臺亮相，於日治時期因築港工事及南進政策的背景下，向上竄升，直到今日成為高雄重要的門戶。打狗獲選為開港通商的選項之一，必然是因為它具有某些特質而被相中，但是一般人對開港通商以前的打狗，多半是模糊不清的，因此，本研究首先要釐清的是，在開港通商以前的打狗港究竟是一個什麼樣子的港口。

今日我們習慣以打狗泛指2010年五都改制前高雄市的舊稱，但

最一開始，打狗僅指今日的高雄港邊地區。[4]「打狗」涵蓋範圍由港邊一帶擴大為整個舊高雄市，除了與行政區劃的轉變有關外，也透露出高雄地區的發展與「打狗」息息相關。然而在開港通商以前，從地方志來看，打狗港的地位其實並不高，長期以來都只是一個小漁港。

有關「打狗」地名考證的研究很多，楊玉姿及張守真合編之《高雄港開發史》中已將這些研究稍做整合及比較。該書指出，伊能嘉矩認為「打狗」一詞源自於 16 世紀時居住該處的馬卡道族的語言，意指「竹林」，用來防範在臺灣沿岸狷獗的海盜。翁佳音則利用荷蘭古地圖上的打狗拼音 Tancoia，論證打狗其實是閩南語中的打鼓，指的是海浪拍打沿岸的聲響，應是偷渡來臺活動的漢人命名。此外尚有楊森富及土田滋對西拉雅語的考證，認為「打狗」是馬卡道族之「打狗社」，應為「雞」的意思。[5]對於打狗地名的由來，可說是眾說紛紜。

當時的地名紀錄常常是由外來者聽在地人如何稱呼，便用自己的語言以拼音的方式將地名記錄下來，因此究竟打狗一稱的由來為何，我們無從確認，但可以推測的是，在 16 世紀的打狗，除了原住民，已經有漢人的活動。這些漢人可能是海盜或者偷渡來臺的中國大陸沿海居民，他們利用打狗港登上臺灣陸地，並在港邊活動。而打狗港也被當作海盜的據點之一。在國家的力量掌控臺灣以前，這裡恐怕早已有興盛的走私或轉口貿易。

17 世紀的臺灣，大抵是由荷蘭所統治。但荷蘭控制的範圍也僅

4　高雄市文獻委員會編，《高雄市舊地名探索》（高雄：高雄市政府民政局，1983），頁 2 之 14-2 之 15。

5　楊玉姿、張守真，《高雄港開發史》（高雄：高雄市文獻委員會，2008），頁 5。

限於南臺灣。荷治時期（1624-1662），如同前述，荷蘭人稱打狗為 Tancoia。而位在港灣西北方的打鼓山則稱為 Apenberg，意為猿山，可見今日高雄壽山上常被戲稱為潑猴的臺灣獼猴，早在 17 世紀時便相當活躍了。當時打狗的沿海地形，與今日我們熟知，由打鼓山、旗後山兩山夾繞的潟湖港灣，相距甚遠，旗後山尚為一獨立島嶼，打狗港尚未形成今日我們熟知的潟湖地形。直到 17 世紀中期時，因下淡水溪夾帶的泥沙經由潮流北流積累，才逐漸升成淺洲，將旗後山與臺灣本島銜接，形成潟湖港灣。

荷治時期的打狗港為重要的漁場，常有中國大陸沿海漁民前來捕撈，荷蘭人派人監視並對這些漁民抽稅，不過除此之外，荷蘭人並未對打狗地區多加開發。[6]鄭成功來臺後，以今日的臺南為其據點，發展屯墾，設一府二縣，即臺灣府、天興縣及萬年縣，打狗隸屬於萬年縣之下，高雄地區是鄭氏重要的屯墾地，打狗周邊因而得以開發，但打狗港仍以漁業活動為主。[7]由此推論，在納入清朝版圖以前，打狗港主要的產業活動為漁業活動。

林玉茹在《清代臺灣港口的空間結構》中，相當詳細地梳理了清代臺灣港口的消長變化，有助於我們了解清代打狗港的地位變化。她依據泊船條件、商業機能、軍事機能以及行政機能，為清代臺灣各時期的港口分級。港口共分為五級，按照林玉茹的分類，一級港是具備商業、軍事及行政機能的國際型港口，僅在 1860 年後出現，主要是作為通商口岸的港口，打狗自然為其中之一，然而在此之前，打狗港最高僅達到三級港的標準。三級港可作為一個縣轄境內的出入口，通

6　楊玉姿、張守真，《高雄港開發史》，頁 17、31-33、40-41。

7　張守真，〈明鄭時期打狗史事初探〉，《高雄文獻》，32/33（1988），頁 5-14。

常有商業及軍事機能，部分三級港也具有行政機能，和二級港最大的差別在於，三級港並非官方命令開口的正口港，與中國大陸雖有航運往來，但並不為官方許可。[8] 也就是說，打狗港自清代臺灣以來，港口的地位確實隨著臺灣西岸的地理變化，地位逐漸提升，但提升的幅度有限，仍未能作為正口。

《鳳山縣志》（1720）對打狗地理環境如此描述：

山川

……秀茂屹立，而特峙於大海之濱者，曰打鼓山【呼為「打狗山」，原有番居焉。至林道乾屯兵此山，欲遁去，殺土番取膏血以造舟；番逃，而徙居於今之阿猴社】，水師之營壘在焉。……其在打鼓山之西南，曰旗後山【山不甚高，臨於海邊】，為漁人採捕之區也。……臺灣大海在西，而水源則出自東，無以異也。……其港之在西南者，曰打鼓仔港【海汊港北為打鼓汛，港南為岐後汛，詳「汛防」】。[9]

由上述記載可知，在鳳山縣西南方的海邊有兩座山，分別為打鼓山及旗後山，「打狗山」為一般民間所稱，在方志中則稱為「打鼓山」。因

8　林玉茹，《清代臺灣港口的空間結構》，頁 84-128。

9　李丕煜主修，陳文達、李欽文、陳慧編纂，臺灣史料集成編輯委員會重編，《鳳山縣志》，清代臺灣方志彙刊第 5 冊（臺北：文化建設委員會，2005〔1720〕），頁 67-71。引文中的【】符號為原文中的雙行夾註。此外，臺灣地名常有同音不同字的情形，本書於書寫時為求統一：1. 以繁體「臺」為主、2. 以「旗後」為主。史料內文之選字，則維持引用出處原樣，此後不再贅述。

此附近的港口「打狗港」，在方志中也同樣多記載為「打鼓港」。雖然我們無法確定林道乾是否曾在打狗登陸過，但可以推測過去可能常有海盜在此地活動，因此在港口附近有水師駐紮，甚至分南、北兩側設置打鼓汛及旗後汛，而旗後山一帶則為漁人採捕的區域。整體來看打狗港雖有水師駐紮，但大抵上是個漁港。在「阨塞」的部分則提到：

阨塞

　　打鼓距鹿耳門水程不過二更耳，而船隻自內地來者，遇北風盛發，恆至打鼓登岸。全台恃鹿耳門為咽喉，港道狹窄，舟不得進；而鳳山之打鼓，則直可揚帆而至，所當加意以備不虞者也。[10]

《鳳山縣志》顯然是為了稱讚打狗港的泊船條件優於對渡口岸鹿耳門，因此特地以北風盛發時，中國大陸船隻選擇停泊的打狗，來凸顯打狗的港灣條件在某些時節是優於鹿耳門的。

　　從外國人的紀錄中也能找到關於打狗港埠安全的敘述，例如書寫於 1874 年之〈1873 年打狗貿易報告〉（Takow (Formosa) Trade Report, For the Year 1873）記載，打狗港因打鼓山及旗後山兩山環繞，港內風浪相對平靜，是在西南季風時期也能停泊的港灣。[11]《鳳山縣采訪冊》也提到打狗港「內為通商口岸，華洋雜處，商賈雲集」，

10　李丕煜主修，陳文達、李欽文、陳慧編纂，臺灣史料集成編輯委員會重編，《鳳山縣志》，頁 97。

11　James H. Hart, "Takow (Formosa) Trade Report, For the Year 1873." 收於吳松弟編，《美國哈佛大學圖書館藏未刊中國舊海關史料（1860-1949）》第 174 冊，頁 339-349。

而打狗港之所以能形成商賈雲集的景象，多虧於其「浪平可泊輪船」且「此港潮之漲退，不過八尺，為他邑所無」。可以說打狗港內浪潮變化不大，比起臺灣西部各港，都更為安全。因此儘管「港門當中有雞心礁及港外各暗礁，皆舟行所宜謹慎者也」，不論是華商或是洋商仍願意來打狗港。[12] 由此可知，儘管打狗並非正口，卻因其獨特的港埠環境，促使船隻在特定時節從中國大陸前來停泊。

　　除此之外，鄰近臺灣府亦是打狗港吸引船舶前來的原因之一。據《鳳山縣志》的說法：「打鼓距鹿耳門水程不過二更耳。」[13] 顯現出這些來到打狗的船隻，會選擇停靠打狗，除了季風問題外，亦與打狗的地點有關。1684 年，臺灣被納入清朝版圖後，便以設立對渡口岸的方式管理臺灣的港口。對渡口岸是以特定口岸為登陸地點的港口管理辦法，初始以臺灣府城的鹿耳門為臺灣島的唯一正口，與福建省的廈門對渡，其他港口則作為臺灣島內沿岸貿易之用。所有從臺灣往中國大陸的航運，基本上只能遵循鹿耳門與廈門之間的航線，因此打狗只能作為臺灣島沿岸交通之用。假使要將貨物送往臺灣或從臺灣運出，按照清政府的規定，必須先運往鹿耳門，再由鹿耳門轉出。也就是說，這些船隻的目的地可能是臺灣府，因而將打狗港視為天候不佳時前往臺灣府的替代口岸。《鳳山縣采訪冊》便指出打狗港「洵臺南之門戶也」。[14] 如此一來，打狗鄰近臺灣府，就成為了吸引船舶來港的一大優

12　盧德嘉著，臺灣史料集成編輯委員會編著，《鳳山縣采訪冊（上）》，清代臺灣方志彙刊第 33 冊（臺北：文化建設委員會，2007〔1894〕），頁 111。

13　李丕煜主修，陳文達、李欽文、陳慧編纂，臺灣史料集成編輯委員會重編，《鳳山縣志》，頁 97。

14　盧德嘉著，臺灣史料集成編輯委員會編著，《鳳山縣采訪冊（上）》，頁 111。

勢。

　　不過，據《鳳山縣志》的說法，這些要前往臺灣府而停靠打狗港的船隻，都是些「自內地來的船隻」，如此一來，另一個問題便會浮上檯面。如果是臺灣本島其他地方的船隻要前往臺灣府，但因躲避風浪而選擇停泊在鄰近臺灣府的打狗港，此種航行方式符合對渡的規範，並無問題。但若是從內地而來的船隻，此舉顯然違反對渡口岸的規定。不過《鳳山縣志》並未解釋這些「自內地來的船隻」為何而來，因此沒有更進一步的線索。

　　但如果我們把眼光轉移到福建廈門，便能從《道光福建通志臺灣府》及《廈門志》找到一些打狗港邊船隻活動的線索。《道光福建通志臺灣府》的〈臺灣海口大小港道總圖〉（圖 2-1）對打狗港的敘述為：「此口有艍船運米往郡本縣典史及安平右營水師汛專防。」[15] 可知打狗港為運載米穀的重要港口之一。臺灣在成為清朝的一部分後，便成為福建地區的重要米倉。據林文凱的研究，整個清代臺灣，米穀都是臺灣的重要出口產品，於開港通商期間，其輸出值不下於茶、糖以及樟腦。[16] 圖 2-1 除了打狗港，其他南臺灣的港口僅有東港亦有載運米穀的標註，可見道光年間的打狗港及東港，其主要功能為載運米穀才會

---

15 〈臺灣海口大小港到總圖〉，收於陳壽祺總纂，《道光福建通志臺灣府（上）》（臺北：文化建設委員會，2007〔1871〕），頁 50-51。陳壽祺倡修《福建通志》，開局修纂於 1829 年，成書於 1834 年，之後又有他人續修刪補，刊於 1871 年。文建會以臺灣華文書局影印本《中國省志彙編》之九（1968）為底本，又參考臺灣銀行經濟研究室《臺灣文獻叢刊》第 84 種之體例，擇陳壽祺纂修之《福建通志》與臺灣相關部分出版成書，並為與其他出版品區別，題名前加「道光」二字。

16 林文凱，〈再論晚清臺灣開港後的米穀輸出問題〉，《新史學》，22（2）（2011），頁 240-241。

如此特別標注。東港港道寫著：「此港有艍船運米本地有由來商船遭風到此即押歸鹿耳門正口下淡水縣丞及安平右營水師汛專防。」[17]由此可以推測，東港處常有違規船隻停靠，這些船最後都會押歸鹿耳門正口。林玉茹的研究指出，遭風往往是這些船隻停靠私口從事走私米穀貿易的藉口。[18]

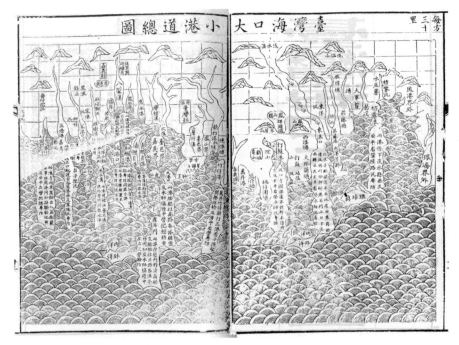

圖 2-1　臺灣海口大小港道總圖（南臺灣部分）
資料來源：〈臺灣海口大小港道總圖〉，收於陳壽祺總纂，《道光福建通志臺灣府（上）》（臺北：文化建設委員會，2007〔1871〕），頁 50-51。

雖然打狗港並沒有「押歸鹿耳門正口」的書寫，但對於打狗港出

17　陳壽祺，〈臺灣海口大小港到總圖〉，頁 50-51。

18　林玉茹，〈由私口到小口：晚清臺灣地域性港口外貿易的開放〉，頁 143。

口的米穀動向仍頗值得懷疑。儘管《道光福建通志臺灣府》中並未記載打狗港的米穀都運往何處，但我們可以在《廈門志》中窺見端倪。

《廈門志》（1832）中明確點出打狗港為一走私港。據其記載：

> 然由今計之，臺運積壓尚有十數萬石，其故原於……，各船不歸正口，私口偷越者多。如臺灣淡水之大垵、後壠、中港、竹塹、南嵌、大雞籠、彰化之水裏、嘉義之笨港、猴樹、鹽水港、臺邑之大港、鳳山之東港、茄藤、打鼓〔即打狗〕、堯港，俱為私口，例禁船隻出入。內地晉江之祥芝、永寧、圍頭、古浮、深滬各澳、惠安之獺窟、崇武、臭塗各澳，矇領漁船小照置造船隻，潛赴臺地各私口裝載貨物，俱不由正口掛驗，無從稽查、無從配穀，俗謂之偏港船。[19]

前面提到，臺灣與中國大陸之間僅有對渡口岸方可航運來往，但若要說對渡口岸的管理制度成效有多大，則又是另外一回事。對渡口岸的規定很快便出現了走私偷漏的情形。從《廈門志》中可見臺灣從北到南有諸多港口都在進行米穀的走私貿易，這些私口便包括打鼓港，也就是打狗港。從這些私口出發的船隻，多半前往泉、廈一帶的私口。

據林玉茹的研究，臺灣私口的崛起原因有二。從 18 世紀中葉開始，因臺灣開發範圍擴大，有些沿岸貿易港逐漸變成臺灣各地區的對渡私口。部分商人私自前往臺灣米價較低的區域，走私米穀販運至中

19　周凱總纂，《廈門志》，頁 191-192。引文內〔 〕表示說明文字，該說明文字為筆者為助於理解引文，自行加註之，本書後續如有同樣情形，不再重複解釋。

國大陸內地，以換取日常用品。因從正口出入必須接受稽查，繳納規費，於是商人們便紛紛私自從私口裝載貨物，躲避稽查。而官方制定的「臺運」政策更加深了私口的發展。「臺運」係指 1725 年清廷因臺米產出有餘，而將臺灣賦稅之用的米穀輸往福建各府的制度。在此制度下，商人被規定只准從正口輸出米穀，但輸出成本及風險不合乎利益考量，因此促使商人規避正口，改由私口進行貿易。打狗即是眾多私口的其中之一。雖然日後對渡正口擴大設置，並不只限於鹿耳門，但自始至終打狗都維持著私口的地位。[20]

對照《廈門志》明白點出私口貿易的位置及其興盛，《鳳山縣志》對於打狗港的貿易活動，描述得可謂相當隱晦。打狗港私口貿易的情形雖被記錄在《廈門志》的「臺運略」中，但臺灣的地方志中卻未見關於臺運的敘述。據楊護源的研究，此種情形緣因於臺運由廈防同知負責，故對廈門而言，臺運為一要政。他認為地方志反映的是中央對地方的責任賦予，臺灣被賦予的是供穀的責任，因此臺灣地方志對農業生產紀錄較為詳實，而廈門則被視為掌控臺灣米穀轉運的樞紐，因此特別寫入臺運制度。[21] 或許正因為如此，臺灣的地方志無法如實反應私口貿易的盛行。

從方志中可以觀察到，打狗港的環境相當適合遊走在灰色地帶的商人。先是海盜，再來是走私的米穀商人，他們從事的都不是合法貿易。也正因為是走私港，打狗港的歷史無法光明正大地書寫在官方資料之中，所以在開港通商以前，它的存在只能靠走私商口耳相傳，隱

20　林玉茹，〈由私口到小口：晚清臺灣地域性港口外貿易的開放〉，頁 1-11。

21　楊護源，〈清代《臺灣府志》的纂修與綱目義例之比較〉，《臺灣文獻季刊》，58（4）(2007)，頁 194-198。

身在官方正史的陰暗處。打狗港為一走私港的實情，並不是只有華商知情，我們可以看到接下來許多證據顯示，開港通商以前早有外國人來此貿易，並且正因為這些外國走私商的活動，促使臺灣的訊息傳播至上層的外交人員耳裡。

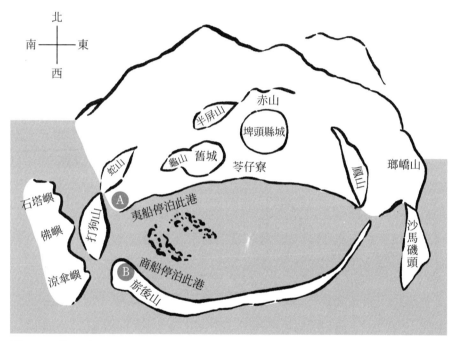

圖 2-2　旂後港圖

資料來源：〈旂後港圖〉，收於不著撰人，《臺灣府輿圖纂要》，臺灣文獻叢刊第 181 種（臺北：臺灣銀行經濟研究室，1958），頁 122。因圖片模糊，本圖參照〈旂後港圖〉重新繪製，A、B 乃筆者自行加註。

　　圖 2-2 為《臺灣府輿圖纂要》的〈旂後港圖〉，是目前可以找到最接近臺灣開港時間點的打狗港地圖。《臺灣府輿圖纂要》雖未標明成書時間，但仍可從書中說明文字推測成書年代。該書在淡水廳輿圖

標註有淡水正口及雞籠子口，但在安平港及打狗港都並未如此註明，並且指出外國船入雞籠港卻遠赴淡水港完稅之事。[22] 因此據其內容可以推斷其成書年代大約在北臺灣設置海關但南臺灣尚未設置海關時，即同治初年，推測為 1862 年至 1863 年左右。圖中可以看到夷船（即洋船）停泊在港口的北側，較靠近打鼓山，而旗後山一側的商船應是指華商的商船。

圖 2-2 中陰影處為海洋，A 處為日後海關及英國領事館的設立地點。圖中 B 處則成為海關監督的辦公室。由於此圖採用的是清代傳統地圖的繪製方式，並未按照經緯度或比例尺呈現，因此地圖與實際情形存有差異，比如打狗山及旗後山兩山間之開口，應在在西側，沙馬磯頭則應更偏向南方。不過我們仍能從此圖中的相對位置觀察到，日後打狗開港也延續這種華洋分流的方式設置行政機構。從此圖便可以看出，在打狗尚未正式開港之時，便已有洋船停泊打狗。這是由於打狗作為私口卻有長期對外貿易的基礎所致，接下來的討論，將更清晰地呈現，洋人在打狗的活動情形。

整體說來，在官方筆下，打狗港埠條件尚算不錯，但即使如此仍建設不多，一直維持在小漁港的狀態，並未出現熱鬧的街市，或群聚的商行。《鳳山縣志》稱打狗相較於淤積的鹿耳門：「直可揚帆而至，所當加意以備不虞者也。」[23] 假使打狗港真如官方所言這般便利，何以擴大開放對渡正口時不將打狗列入開放地點之一呢？因此根據方志，我們只能說打狗港是個粗糙原始的天然港口，稱不上是良港。這也說

22　不著撰人，《臺灣府輿圖纂要》，臺灣文獻叢刊第 181 種（臺北：臺灣銀行經濟研究室，1958），頁 130-133、140-142、259、282-283。

23　李丕煜主修，陳文達、李欽文、陳慧編纂，臺灣史料集成編輯委員會重編，《鳳山縣志》，頁 97。

明了官方並不重視這個港口，放任其發展。而且從〈臺灣海口大小港道總圖〉也能看出，當時航運興盛的港口，並不只有打狗一個選擇，比如東港也有一定的貿易規模。因此憑藉官方檔案來看開港前的打狗，我們僅能大概勾勒出以下的畫面：一個在某些季節會停泊大量中國大陸而來的船隻，但其實並未開放對渡且走私貿易興盛的小漁港。

第二節　額爾金的福爾摩沙任務與怡和洋行的打狗調查

前面從清政府的角度來看，打狗港顯然只是一個不甚起眼的小漁港，而且因為不受重視，致使走私橫行，是一個官方管理鬆散的口岸。這種形象無法解釋何以日後開港通商時，打狗會成為選項之一。因此接下來我們要來看看在外國人的眼中，打狗港又是以何種形象吸引了他們的目光。

為了處理亞羅號事件（The Arrow Incident），額爾金在 1857 年被任命為外交使節，肩負來華談判的使命。1858 年的《天津條約》及 1860 年的《北京條約》即是由他代表英方進行談判。[24] 他在 1857 年便開始對中國沿海的口岸進行調查，挑選日後適合作為條約口岸的港埠。可以說他在 1860 年代的條約口岸開放上，扮演著相當重要的角色。

其實額爾金早在出發前，他的上司外交大臣克萊頓伯爵（Earl of Clarendon, George Villiers, 1800-1870）便在 1857 年 4 月 20 日交代額爾金，此行的目的是增設與中國進行貿易的場所（facilities），並特別指出：「獲准前往停靠許多對日貿易船隻的乍浦（Chapoo），以及福

---

24 費正清（J. K. Fairbank）著，〈條約體制的建立〉，頁 292-314。

爾摩沙島（Island of Formaosa）貿易，也是相當重要的。」[25] 由此可見臺灣早就為英國高層所知，可能是從過去的水文調查得知，又或者是在華貿易的商人與外交人員將相關訊息傳回英國國內。不過額爾金本人顯然對臺灣並不了解，而他的上司克萊頓伯爵所知大概亦不多，兩人可能僅知臺灣是個可以作為貿易據點的小島，應列入擴大條約口岸的選項之一。因此額爾金抵達東亞後，又託人對臺灣作了一番調查。

額爾金並不需要親自到臺灣調查，他只需要透過港際知識傳播網絡，便能得到他想要的情報，這些情報往往來自於基層的外交人員或在華活動的外國商人。額爾金並不會直接和地方的商人進行接觸，他常常透過底下的外交人員為他間接與地方商人互動。例如 1857 年，額爾金為了瞭解有哪些非條約口岸已進行貿易，特別請託其弟卜魯斯去信怡和洋行（Jardine, Matheson & Co.）詢問。卜魯斯曾隨同額爾金同行出使中國，在 1858 年到 1860 年的中外衝突結束後，則成為英國駐京大使。卜魯斯在致怡和洋行的信中寫道：

> 有兩個與中國主要商業貿易（commercial intercourse with China）的支線發展（branches）正在日益增加，我相信不論在重要性或在利益方面，官方資料中都曾經提過，但是資訊不多且不全。我指的是在非條約口岸的貿易，像是中國大陸的汕頭等地以及福爾摩沙的猴山（Ape's Hill）等地，以及在各港口間不使用中式帆船，而是使用外國帆船的那些貿易。

---

25 "The Earl of Clarendon to the Earl of Elgin." (20 Apr. 1857), *British Parliamentary Papers: China.* (Shannon, Ireland: Irish University Press, 1971), vol. 33, p. 424.

　　額爾金勛爵想盡可能獲得因此興起的貿易，有關其規模
和性質的資訊。探明地方政府、當地人口以及氣候，在何種
程度上滿足這些開設新貿易管道的嘗試，是很重要的。根據
有足夠經驗判斷的人士的意見，這種類型的交流很有可能自
行擴張至其他地方。

　　……我相信在這點上，沒有人能比你們更適合提供有用
的資訊……。[26]

福爾摩沙的猴山，指的就是我們今日所稱的高雄壽山，即是說，信中
卜魯斯向怡和洋行詢問的地點是打狗港。而根據卜魯斯的說法，在英
國官方文件中其實有打狗港的相關資訊，但並不齊全，因此我們可以
推測打狗港早已引起英國的注意，但從這封信中我們不能得知以前是
為何引起注意的。不過從卜魯斯要求怡和洋行提供資訊一事來看，打
狗港作為一個非條約口岸，在此時其貿易量可能已經達到引起官方注
意的程度，而額爾金正在籌備著要求中國擴大條約口岸的計畫，打狗
港遂成為其選擇的目標之一。卜魯斯也指出，去探明這個地方為何會
發展出貿易是值得注意的，他點出地方政府、當地人口以及氣候，表
示卜魯斯認為這幾項要素，對於貿易的發展相當重要。

　　怡和洋行後來直接回信給額爾金，回覆如下：

　　外國人已為了貿易造訪過福爾摩沙幾個口岸，而且
一、兩間洋行在經過一番努力後在此建立了他們的分行

---

26 "Mr. Bruce to Mr. Jardine." (30 Jul. 1857), *British Parliamentary Papers: China*, vol. 33, pp. 451-452.

（branch）……提供泊船設施（但不完善）並可停泊橫帆船（square-rigged vessels）的港口只有西南岸的猴山、臺灣（Tai-wau），以及北部的雞籠（Kelung）與淡水（Tam-sui）。[27]

橫帆船指的是帆裝為方形帆的帆船，帆垂直船體懸掛，為 19 世紀大型商用帆船常見的帆裝，並非所有港口都有辦法容納，必須要有一定水深的港口才能停泊。顯然，1857 年的怡和洋行已經點出臺灣四個符合他們需求的港口：打狗、臺灣、雞籠以及淡水，而這四個口岸確實也是日後的通商口岸。

在報告中怡和洋行也提到臺灣主要的產品：

這座島上的主要商品是米，多半外銷至中國大陸，同時，福爾摩沙也和中國南部一樣產糖，還有樟腦，以及所有商品中最重要的一項—煤。迄今為止所能取得的煤，都是自地表採得，品質僅達中等，並不適合應用於蒸汽船。假使該區域的產出（該區域位在臺灣最北端）也像英格蘭一樣探勘深層的煤礦，相信一定會找到符合我們需求的煤。

近日有相當多外國帆船造訪福爾摩沙，主要是為了煤，但是外國貿易的利潤並未達到值得關注的程度，並且，我觀察到現在，幾乎所有的貿易目的地無一例外都是前往中國沿海。[28]

---

27 "Mr. Jardine to the Earl of Elgin." (1 Oct. 1857), *British Parliamentary Papers: China*, vol. 33, p. 504. 文中採用之地名拼音係按照原件內容表示，臺灣的拼音應為 Tai-wan 似較為合理，此處可能為原件本身謄打時產生的拼字錯誤。

28 "Mr. Jardine to the Earl of Elgin." p. 504.

長期以來，我們對於 19 世紀臺灣物產的了解，多半是關注在茶、糖及樟腦這些經濟作物上，例如林滿紅的著作《茶、糖、樟腦業與臺灣之社會經濟變遷（1860-1895）》，便是我們認識臺灣開港通商後的經濟貿易相當重要的代表作。[29] 林文凱的研究則進一步指出，米一直是臺灣相當重要的輸出品項。[30] 然而怡和洋行的報告卻透露，煤礦是他們最為重視的臺灣產物。此時的打狗雖然是臺灣貿易口岸的選擇之一，但是按照外國人對於臺灣物產的需求，北部的雞籠港及淡水港較為人注目，因為它們離煤產區較近，對打狗的關注相對不高。

儘管當時清朝並未開放臺灣作為貿易口岸，但打狗港早在 1850 年代就有洋人活動的蹤跡，除了英國外，美國也曾數度派遣海軍艦艇前往臺灣沿海探勘，並且陸續有美商前往打狗貿易。這些美商由打狗上岸，在不驚動福建巡撫等省級官員的情況下與當時的臺灣道裕鐸（生卒年不詳）會晤，獲得在地官員的歡迎，最後甚至以幫忙驅逐海盜作為利益交換，取得來臺貿易的權利。美商順理成章地展開在臺灣的貿易活動，他們開著裝滿鴉片的船隻進港，再裝滿米、糖、樟腦等貨物前往下一個貿易口岸。[31] 1856 年時，秘魯人魯賓內（William Robinet，生卒年不詳）在打狗港邊建立了魯賓內洋行（W. M. Robinet &Co.）作為貿易據點。[32]

魯賓內曾致信美國駐華公使伯駕（Peter Parker, 1804-1888），除了力陳臺灣在貿易上的優點外，更希望美國政府能夠在英、法、俄等

29 林滿紅，《茶、糖、樟腦業與臺灣之社會經濟變遷（1860-1895）》。

30 林文凱，〈再論晚清臺灣開港後的米穀輸出問題〉，頁 240-241。

31 黃嘉謨，《美國與臺灣：一七八四至一八九五》，頁 72-123。

32 龔李夢哲（David Charles Oakley）著，《臺灣第一領事館：洋人、打狗、英國領事館》，頁 106。

國之前掌控臺灣，之後，這封信件也被伯駕轉呈予美國國務卿。[33] 這顯示，早在開港通商之前，打狗港便有洋人貿易的蹤跡，並在臺灣道的默許下進行，雙方甚至私下簽訂合約，而魯賓內與伯駕的提議，也顯現出洋人出於利益考量，早已萌生對南臺灣的關注。

我們可以觀察到，到 19 世紀中葉，外國人在華的貿易活動日益興盛，打狗港的走私貿易擴大至洋人社群。洋商走私鴉片至打狗交易，再購入蔗糖，或者甚至以鴉片換取蔗糖，至其他市場貿易。前面提到的魯賓內洋行，從事的就是鴉片輸入以及臺灣物產輸出的買賣。[34] 臺灣吸食鴉片風氣甚為流行，根據葉振輝的研究，早在鴉片戰爭以前，臺灣的鴉片進口貿易便已相當興盛。[35] 打狗或許是清代臺灣鴉片輸入的重要入口，洋人為了進行鴉片貿易，對打狗早已相當熟悉。

並非只有在臺灣活動的外國商人關注臺灣的口岸，廣州的外國商人更積極爭取臺灣口岸的開放。長期以來，廣州扮演著中國與外國人貿易往來的重要窗口，外國商人來華貿易初期的重要據點也都設置在廣州。此時的上海尚未足以取代廣州，廣州的外國商人仍是一股不容小覷的勢力。1858 年，廣州的外國商人上呈了一份備忘錄，透過副領事溫徹斯特（Charles Winchester，生卒年不詳）轉達到額爾金的手上。在那份備忘錄中，廣州的外國商人提到，他們正在找尋更多可供貿易的港口，其中包含汕頭、泉州（Chin-chew）、溫州（Wau-

---

33 黃嘉謨，《美國與臺灣：一七八四至一八九五》，頁 143-150。

34 龔李夢哲（David Charles Oakley）著，《臺灣第一領事館：洋人、打狗、英國領事館》，頁 106-109。

35 葉振輝，《清季臺灣開埠之研究》，頁 15-17。

chow）、南關（Nam-quan）、淡水（Tam-schwuy）以及臺灣（Tae-wau）
都已經自行開放（opened themselves），並且在整個中國沿海交通網
絡中佔有重要的地位。[36] 由於廣州商人特別指出淡水，因此可以推論
這裡的臺灣指的應是「臺灣府」，而非臺灣全島。在廣州外國商人看
來，臺灣的重要港口有「淡水」及「臺灣府」這兩處，而且早已有對
外貿易活動，不過他們並未提及打狗。

　　當時額爾金正準備開始與清政府談判，這些廣州外國商人向外交
官員遞交陳情，希望影響條約的簽訂方向。這也暗示著臺灣很有可能
被列入條約中，成為開放的口岸之一，而雀屏中選的口岸極有可能是
淡水及臺灣府兩地。

　　對額爾金而言，他所獲知的打狗，與雞籠、淡水以及臺灣府相比
之下，似乎並非格外重要。他所知道的打狗港，僅為一個可停靠大型
帆船的港口。由於額爾金對臺灣的認識，基本上是透過港際訊息的傳
播而來，雖然透過在地商人以及分散在各地的基層領事人員網絡，便
可以得知各地的情況，但也使得他對臺灣所知極為有限，而他日後進
行條約談判時，也僅能仰賴這些資訊。唯一可知的是，淡水、雞籠、
臺灣府以及打狗已經為人注意。

第三節　郇和的臺灣踏查

　　外國領事擔任在清朝地方社會活動的外國人與清政府溝通的橋

36　"Memorandum." (24 Nov. 1857), *British Parliamentary Papers: China.*, vol. 33,
　　p. 628. 文中採用之地名拼音係按照原件內容表示，然而溫州的拼音應為
　　Wan-chow，臺灣的拼音應為 Tae-wan 似較為合理，此處可能為原件本身謄
　　打時產生的拼字錯誤。

梁，平時除了處理相關的外交事務外，也常需要蒐集情報，回報給上級。郇和的工作即是如此，他在臺灣開港通商以前，便曾有兩次來到臺灣調查的經驗，這些經驗使得他成為當時的「臺灣通」，最後也因此被派駐臺灣擔任領事。本節將以郇和為例，檢視外國領事如何參與地方資訊的建立以及傳播。

郇和的生命歷程可說是英國海外殖民擴張史的縮影。1836 年 9 月 1 日，郇和誕生於加爾各達，當時的印度在英國東印度公司的經營下相當於英國的殖民地，他的家族有好幾個世代都在印度為大英帝國工作。少年時期的郇和被雙親送回英國讀書，他 16 歲的時候在倫敦國王學院（King's College School）求學，隔年又輾轉至倫敦大學（University of London）就讀。不過，郇和並未完成他的大學學業。1854 年，英國外交部（Foreign Office）舉辦了一場針對大學生的領事招聘考試，郇和在激烈的競爭中脫穎而出，成為四名候選人的其中一人。1854 年 4 月 13 日，他離開校園，抵達香港，這時候的他年僅 18 歲。[37] 這是他作為外交官員在遠東活動的開端。

郇和同其他抵達中國投入領事服務工作的人一樣，在學習中文以及有關中國知識的同時，也投注心血在博物學的領域上，尤其是鳥類研究。1855 年他被派駐至廈門，廈門是中國大陸與臺灣緊密聯繫的港口，也是臺灣候鳥與中國大陸的飛鳥遷徙路途中的匯合之地，因此郇和不僅能很好地進行他最熱愛的鳥類觀察活動，也能看到從事閩臺兩岸貿易的船隻，停滿了廈門的港口。在他擔任駐廈門領事館人員的期間，他曾兩度造訪臺灣，一次在 1856 年為樟腦而來，另一次在 1858

37　Philip B. Hall, "Robert Swinhoe (1836-1877), FRS, FZS, FRGS: A Victorian Naturalist in Treaty Port China." p. 37.

年。[38]

　　1858 年表面上是為了尋找傳言中流落於臺灣的英國船難倖存者而來，但也肩負著探勘臺灣未來通商口岸埠址的任務。[39] 他在這趟旅行中擔任隨行通譯，但同時也因其對博物學的興趣，廣泛記錄有關福爾摩沙的見聞。郇和跟隨其他英國海軍搭乘不屈號（*Inflexible*）於 1858 年 6 月 7 日下午自廈門出發，至同年 7 月 1 日返還廈門，為時將近一個月，郇和將其經過記錄下來，並發表在《皇家亞洲學會中國北部分會期刊》（*Journal of the North-China Branch of the Royal Asiatic Society*）上。[40]

　　根據費德廉（Douglas Fix）的研究，像郇和這樣的探勘活動需要設備與技術，並非一般人所能負擔，因此常由官方組織海域的探勘活動。出於尋找新的貿易據點，以及航海安全需要，英國海軍早在 19 世紀前半葉就有過一系列的海洋探勘活動，而針對臺灣的調查活動則主要發生在 1817 到 1867 年間。在 1845 年以前的探勘活動集中在臺灣容易發生海難的區域，即臺灣最南端的礁石及澎湖群島的水道，在 1845 年以後才開始積極地探勘其他地區的水文環境。進行探勘活動的外國人常和地方民眾或官員合作，以獲取當地的情報。郇和 1858 年的探勘活動即屬於此類活動，並且為最早環行臺灣一周的探勘活

38　Philip B. Hall, "Robert Swinhoe (1836-1877), FRS, FZS, FRGS: A Victorian Naturalist in Treaty Port China." pp. 39-41.

39　張安理，〈郇和及其博物學研究〉（臺北：國立臺灣師範大學歷史學系碩士論文，2020），頁 24-26。

40　費德廉（Douglas Fix）、羅效德編譯，《看見十九世紀台灣——十四位西方旅行者的福爾摩沙故事》（臺南市：國立臺灣歷史博物館籌備處，2006），頁 18-21。

動。[41]

　　從郇和的紀錄中確實可以看到，外國人透過與在地漁民或官員合作，在水文探勘過程中獲取港際知識的情形。據其記載，1858 年他們一行人自廈門出發，途經澎湖群島，並於 6 月 8 日抵達國聖港。國聖港位在安平港的北邊，距離臺灣府城尚有一段距離，但他們並不熟悉這一帶的水道，因此請一位當地漁民帶領他們穿越沙洲，進入熱蘭遮城的水道。在臺灣府見過臺灣道等官員，並獲得他們承諾幫忙後，便又南下探查。[42]郇和等人在 6 月 12 日抵達打狗，他提到：

> 　　入港的航道很狹窄……那港口雖小，卻寬敞而便利，可容數艘吃水中等的船隻。同時，因其近乎是陸圍的，故可供安全錨泊。有隻海軍接待船停在港內……當地居民在曬大量的白色小魚，太陽下置在沙上鋪晒，乾了就用戎克船大袋地運走。有幾艘戎克船停放在旗後港主要村莊之前。……至於附近的打狗市，因經常有外國人去訪，大家多已十分熟悉，實無須多談了。[43]

從郇和的紀錄中，可以知道此時的打狗港看起來只是一個小漁港，不過他同時也注意到打狗港入口雖小，但港內可供錨泊空間相當寬敞，

41　Douglas Fix, "Charting Formosan Waters: British Surveys of Taiwan's Ports and Seas, 1817-1867." *Chinese Studies*, 32(2)(2014), pp. 10-13.

42　費德廉（Douglas Fix）、羅效德編譯，《看見十九世紀台灣──十四位西方旅行者的福爾摩沙故事》，頁 18-20。

43　費德廉（Douglas Fix）、羅效德編譯，《看見十九世紀台灣──十四位西方旅行者的福爾摩沙故事》，頁 21。文中提到之戎克船，即中式帆船。

水深可以負荷吃水中等的船隻。更值得注意的是，1858 年臺灣尚未開港，但外國人已數度造訪打狗，其次數之頻繁竟使郇和說：「大家多已十分熟悉，實無須多談了。」這些紀錄可間接證實上節所提打狗港的外國貿易狀況。

這趟旅程最後經過枋寮、瑯瑀等地，一路南下，繞過臺灣最南端後自臺灣東半部北上，行經蘇澳至北部雞籠，最後繞回南半部，再度行經臺灣府及打狗，最後自國聖港返回廈門。[44] 離去前他們從臺灣地方官員得知有艘外國船在國聖港撞到沙洲沉沒，船上的外國船員全數安全上岸，該名官員又神色曖昧地表示那艘船的運貨中包含鴉片，後來才知道那艘船本應運送鴉片至打狗港。[45] 顯然，這艘船進行的是魯賓內洋行那一類鴉片貿易。或許是臺灣官員認為郇和等人與那些來打狗貿易的鴉片商人一樣，同為外國人，因此並未特別避諱在他們面前談論打狗的鴉片貿易。由此可以應證，外國商人在打狗港的鴉片貿易活動相當興盛，且是在地方官的默許之下。於是，郇和的紀錄便勾勒出 1858 年時打狗港在外國人眼中的樣貌：一個開發不多但有便利泊船條件的鴉片貿易港。

我們可以將郇和對打狗港的第一印象與第一節地方志中的打狗港稍作比較。第一節得到的結論與郇和的觀察可以說互相呼應。從地方志我們獲悉打狗港是個較少受到官方管理的港口。確實，官方可能以某種不那麼正當的形式介入打狗港的運作，但我們至少可以說，打狗港遠不如它的鄰居鹿耳門或安平港，是一個可以光明正大進行貿易的

44　Douglas Fix, "Charting Formosan Waters: British Surveys of Taiwan's Ports and Seas, 1817-1867." p. 12.

45　費德廉（Douglas Fix）、羅效德編譯，《看見十九世紀台灣──十四位西方旅行者的福爾摩沙故事》，頁 31-32。

口岸。然而從地方志中也可以觀察到，自 18 世紀以來，打狗港邊不乏人跡，只是我們無法從地方志中確切得知是究竟有哪些人在打狗港從事何種活動而已。作為一個外國人，對郇和來說，想必從這趟旅程後，他對打狗港的認識便建立在時有外國船隻停靠、鴉片貿易、地方官對走私知情不報等印象上。從臺灣府官員對郇和曖昧的暗示，以及黃嘉謨研究中那一批被引導至打狗上岸的美國走私商，都印證了打狗港長期以來都被臺灣地方官定義為從事不法事業的港口。

這些港際知識，最後也被運用在 *The Treaty Ports of China and Japan. A Complete Guide to the Open Ports of those Countries, together with Peking, Yedo, Hongkong and Macao. Forming a Guide Book & Vade Mecum for Travellers, Merchants, and Residents in General*（簡稱 *The Treaty Ports of China and Japan*）一書中。*The Treaty Ports of China and Japan* 是一本發行於 1867 年的通商口岸指南書，由英國領事官員 Nicolas Belfield Dennys（1813-1899）等人編著。該指南的目的在幫助到中國旅行、居住或者從事商業活動的洋人，更了解各個通商口岸的狀況。[46] 在福爾摩沙的章節中，該書宣稱擷取郇和 "Notes on Formosa" 一文中對於這個島嶼的介紹。[47] 雖然不知道這本書實際的發

46　William Frederick Mayer, Nicolas Belfield Dennys, & Charles King, *The Treaty Ports of China and Japan. A Complete Guide to the Open Ports of those Countries, together with Peking, Yedo, Hongkong and Macao. Forming a Guide. Book & Vade Mecum for Travellers, Merchants, and Residents in General.* (London: Trübner and Co., Paternoster Row,; Hong Kong: A. Shortrede and Co., 1867) (Reprinted by USA: Cambridge University Press, 2012).

47　William Frederick Mayer, Nicolas Belfield Dennys, & Charles King, *The Treaty Ports of China and Japan. A Complete Guide to the Open Ports of those Countries, together with Peking, Yedo, Hongkong and Macao. Forming a Guide Book & Vade Mecum for Travellers, Merchants, and Residents in General.*, p. 294.

行量為何，但當時在《北華捷報》上曾經有篇撰文宣傳這本書的出版，據此可以推測，在東亞海域活動的外國人多半知道這本通商口岸指南書。有趣的是，*The Treaty Ports of China and Japan* 光是中國口岸就有 14 個章節，其中 5 個章節與臺灣有關，而介紹這本書的《北華捷報》報導中，特別在文末花了一些篇幅介紹這本書對於臺灣的描寫，甚至擷取了部分內文刊登於報紙上。[48] 郇和的港際知識透過這些出版品的印刷，在港口間傳播開來。

　　在這些經歷後，郇和因為對臺灣的了解在 1861 年被任命為英國駐臺副領事。隨同他一起來的還有他的助手，領事助理柏卓枝。郇和來到臺灣時認為南臺灣的貿易狀況尚不需費太多心力，便將柏卓枝指派至北臺灣的淡水，而他自己則在之後隨即告了病假，直到 1864 年才又被召回，並被指派在南臺灣設立一個新的副領事館。[49] 而郇和選擇建立領事館的地點正是打狗，雖然最初只是在一艘商船上辦公，但在 1865 年他在打狗港邊租賃了一幢中式房子代替。同時為了與臺灣道平等往來，他也在 1865 年終獲升職（此時他才真正成為了英國駐臺「領事」），位於打狗的那幢中式房子也隨之成為第一個正式的領事館。[50] 英國是首次在臺灣設立領事館的國家，第一個正式的領事館卻設立在打狗，而非臺灣當時的首府臺灣府。

48　Anonymous, "Review." *The North China Herald* (18 May 1867), p. 61. 資料檢索日期：2020 年 6 月 11 日。網址：https://search.proquest.com/hnpchinesecollection/docview/1321145407/B0260BAF0AFD42B5PQ/1?accountid=14228。

49　Patrick Devereux Coates, *The China Consuls: British Consular Officers, 1843-1943*. (Hong Kong and New York: Oxford University Press, 1988), pp. 319-322.

50　龔李夢哲（David Charles Oakley）著，《臺灣第一領事館：洋人、打狗、英國領事館》，頁 26-47。

本書緒論中引用的信件，正是 1861 年郇和準備從廈門前往臺灣赴任時所寫。郇和和他的副手柏卓枝雖然只是地方的領事官員，但他們在臺灣開港的過程中扮演了相當重要的角色。他們透過港際知識的傳遞，將臺灣的狀況匯報至上級，即駐京公使的耳裡。郇和等人或許沒有決定何處開港的權力，但由於他們是英國政府派駐在地方第一線的官員，是整個外交官僚體系中最了解地方實際情況的人，因此，他們對於地方的認識成為上層決策者的資訊來源，對於決策者有一定程度的影響力。

本章僅著重在開港前英國外交官員對打狗的認識，1858 年《天津條約》簽訂後到 1861 年郇和和柏卓枝實際赴任，已經相距近三年，他們兩人實際赴任後對於臺灣港口的認識，以及這些知識最後如何促成打狗開港的提案，將在第四章更進一步討論。

第四節　小結

我們對於打狗港的印象多半始自開港通商時期，甚至打狗港的崛起，要待日治時期的築港工事完工後。但是早自荷治時期開始，便有許多人在打狗港活動，持續到清代。不過清朝官方史料形塑開港通商前的打狗形象，僅是一個長久以來都不甚起眼的小漁港。

然而地方志仍透露出打狗港是個適合進行走私貿易的港口，而且行之有年。16 及 17 世紀，大抵上打狗港的主要產業除了漁業外，走私活動也甚為活躍，到 18 世紀仍可從對渡船隻違法停泊打狗港的紀錄，窺見在私口從事米穀貿易的走私活動。臺灣地方官對於走私貿易的存在應是知情並且默許的，但這類走私活動終究並非合法貿易，因

此不會記錄在冊。

當外國商人來到東亞尋求更多貿易據點的時候，清朝地方官默許走私的打狗港，很快便吸引了外國商人的注意。除此之外，港口的天然環境也有利於貿易的進行，不僅有山脈屏障，水深也足以負荷外國的大型帆船。外國商人很快地便加入了打狗港的走私貿易活動，在打狗進行米穀、糖以及鴉片的走私貿易。

綜上所述，開港通商前的打狗港在中外雙方的眼裡，都是一個有走私活動的小漁港。甚至外國人已有來此貿易的經驗，竟引起英國官方上層的注意，使額爾金特別要求怡和洋行進行調查，到了1858年郇和也為了調查開港通商的港口而來。不過，僅憑這些資訊，要說打狗在這些英國外交人員眼中有多麼重要，恐怕有些誇大其詞，因為相比打狗，他們還有其他更多選項，像是產煤礦的雞籠。在簽訂《天津條約》以前，英國外交官員對於打狗的認識仍然所知有限。可以確定的是，外國商人及外交官員已經認識日後作為通商口岸的四口：淡水、雞籠、臺灣府以及打狗。

雖然打狗具備有天然的港埠條件，能提供平穩的船舶地，然而打狗亦如同所有臺灣西半部的口岸一樣，飽受淤積之苦，始終未能發展成如同臺灣府一般熱鬧的街市。根據陳計堯的研究，打狗的水深優勢並不特別，整個19世紀，臺灣西半部的口岸都存在淤積的問題，尤其臺灣府與打狗，或許打狗的情況較臺灣府稍微輕微一些，但也很難說打狗有任何勝出其他口岸的地方。[51] 綜上所述，開港前的打狗儘管

51　Kai Yiu Chan（陳計堯），"The Changing Society of Anping and Takow, 1683-1894." 收於鄭永常編，《東亞海域網絡與港市社會》（臺北：里仁出版社，2015），頁188-209。

已有洋人貿易的基礎，但仍為一粗糙且未發展出大型街市的小漁港，並不足以解答「打狗為何開港」此一問題。因此如要了解打狗究竟為何被選為條約口岸之一，應重新檢視臺灣如何被納入條約體制，以及實際設置條約口岸的過程。

第三章　《天津條約》的談判過程與臺灣開港的提出

　　條約的簽訂，通常會經過議談、畫押簽訂，最後送回雙方國內政府，由其相關單位批准通過，雙方再交換該批准通過的條約，自此，條約方能生效。這也是《天津條約》的簽訂過程。然而，因清朝不願按西方這套依據條約建立起的制度進行外交活動，《天津條約》簽訂的每個階段，可以說都是在西方國家武力的威脅下完成的。

　　1858 年到 1860 年的這起中外衝突，一般稱為英法聯軍之役，也被稱作第二次鴉片戰爭，起因為英國意欲修改 1842 年簽訂的《南京條約》未果，遂以 1856 年 10 月的亞羅號事件為由挑起紛爭。兩廣總督葉名琛對英國的態度相當頑固且強硬，雙方爆發武力衝突演變為第一次英法聯軍之役，但即便如此葉名琛仍不願與英國談判，最後，英法兩國集結軍隊，攻入廣州城，並將葉名琛擄去，囚於印度加爾各答，隔年葉名琛即在該地逝世。第一次英法聯軍之役後，中外雖已在 1858 年簽訂了《天津條約》，但在 1859 年，雙方對換約地點的意見相左，在大沽再度爆發了武力衝突，演變為第二次英法聯軍之役，最後於 1860 年才完成換約，中國更因為第二次英法聯軍之役的戰敗而追加簽訂了《北京條約》。[1]

　　在《天津條約》的簽訂下，臺灣成為清朝通商口岸之一。圖 3-1 為前一章曾提到的條約口岸指南書 *The Treaty ports of China and Japan* 中所附之通商口岸示意圖，從該圖可以看出因 1858 年《天津條約》簽訂所開口岸共 12 口，臺灣四口就占了三分之一。到 1866 年為止，所有開放洋人通商的港口，共計 20 處，臺灣四口則占了五分之一左右。何以小小一個臺灣島，不僅獲選為條約口岸之一，甚至要

1　費正清（J. K. Fairbank）著，〈條約體制的建立〉，頁 292-314。

開到 4 個口岸，值得進一步探究。

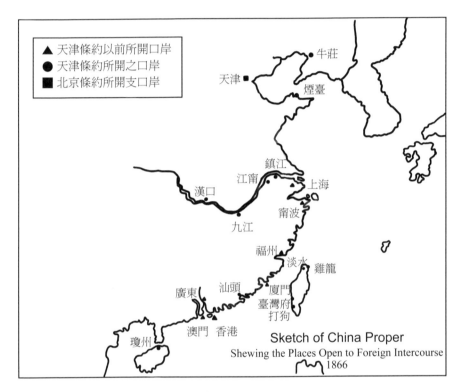

圖 3-1　1866 年中國通商口岸示意圖

資料來源：參考自 William Frederick Mayer, Nicolas Belfield Dennys, & Charles King, "Sketch of China Proper Shewing the Places Open to Foreign Intercourse 1866." *The Treaty Ports of China and Japan. A Complete Guide to the Open Ports of Those Countries, together with Peking, Yedo, Hongkong and Macao. Forming a Guide Book & Vade Mecum for Travellers, Merchants, and Residents in General.* (London: Trübner and Co., Paternoster Row,; Hong Kong: A. Shortrede and Co., 1867) (Reprinted by USA: Cambridge University Press, 2012). 其中所附之通商口岸示意圖並重新繪製，中文地名為筆者自行翻譯，圖例為筆者自行加註。

　　俄、美、英、法四國與清廷簽訂《天津條約》的時間並不統一，議談內容也不盡相同，雖然各國的條約中某些要求相當類似，但其用字遣詞又有些許差別。當我們檢視《天津條約》中臺灣開港的規定時，首先碰到的問題即是「福爾摩沙」或「臺灣」所指為何？這個問題必須回到「臺灣」一詞所涵蓋的地理範圍來討論。

　　1684 年臺灣納入清朝版圖時，臺灣被設置為福建省轄下的一府，因此在清朝的行政區劃下，臺灣的行政層級為「臺灣府」。不過臺灣府城因設於今日臺南一帶，當時的臺南地區即稱作臺灣府，因此「臺灣」一詞既可指「臺灣島」，也可指臺灣府城所在的「臺灣府」。雖然洋人知道「臺灣」這個名稱，但習慣上在稱呼臺灣島時都稱為「福爾摩沙」。因此，條約中的「福爾摩沙」是否等於「臺灣」的疑問，在日後臺灣實際開港的過程中，引發了不少問題。緒論裡郇和的信件便反映了臺灣開港範圍的問題，在他的理解中，條約內文的臺灣開港範圍甚至可以含括臺灣全島。但就我們的歷史認知，清朝最終開臺灣四口，也就是淡水、雞籠、安平與打狗作為條約口岸。

　　臺灣開港範圍眾說紛紜，要了解打狗為何成為條約口岸的一員，實有必要重新檢視談判過程及條約內文，以了解清朝以及外國人對於臺灣開港的想法，和臺灣開港究竟如何被書寫於條約之中。接下來，我會先以《籌辦夷務始末》及《四國新檔》觀察清廷對於外國人提出臺灣開港時的回應，理解清廷的想法，之後再透過比照四國簽訂之《天津條約》中外文內容，直接檢視臺灣開港在條約中是如何被書寫的。

第一節 《天津條約》的談判過程

在第二章的討論中，我們已經知道外國人對臺灣有一些認識，並且有興趣至臺灣從事貿易活動，也因而埋下臺灣開港的伏筆。從《天津條約》的談判過程中，我們可以窺見各國代表與清朝官員的交鋒，並從中推論英、法、美三國對臺灣的開港都有各自的期待。因此，我們應花一些篇幅檢視《天津條約》的談判過程。

在今日我們對於「簽訂條約」的想像中，簽訂條約的雙方應會花費許多時間逐條細談，斟酌條約用字，以確保各自的利益最大化。從《籌辦夷務始末》及《四國新檔》中，我們可以看到《天津條約》的談判過程與此相去甚遠，其過程相當曲折。雖然一開始英、法、俄、美等國大使確實有提出一些要求，但並不是明確的條約內容，與清朝交涉的大部分時間，都消耗在決定談判地點以及清方談判代表品級等問題上。

《天津條約》談判可以 1858 年 2 月 24 日，英、法、美三國代表前往蘇州作為起點。英使額爾金、法使葛羅（Baron Gros, 1793-1870）、美使列威廉（William Bradford Reed, 1806-1876）為了商討廣東的糾紛，從上海啟程前往蘇州衙門投遞照會予大學士裕誠（1790-1858），希望由裕誠出面處理，並揚言若在他們幾人回上海時仍無回音，便直接前往天津。蘇州的地方官員認為此舉不甚妥當，當下雖然先勸阻幾位外使，表示現有欽差大臣黃宗翰（1803-1864）負責處理外國事務，但幾位外使又要求在 3 月 31 日以前，欽差大臣需前往上海商議。在這份照會裕誠的公文中附有額爾金、葛羅及列威廉等人的照會文書，還有夾帶在美國照會公文中的俄使普提雅廷（Yevfimiy

Putyatin, 1803-1883）照會軍機處的公文。[2]

　　這四國的要求相當雷同，最終目的便是要求清朝在期限內派「品級夠高」、「能決定章程」的大臣赴上海商議。這件事情在四國照會文書都曾提到，可見他們對於商談的對象相當在意，希望是能夠代表清朝的大臣。

　　這四國的行動以英、法兩國為主導，態度甚為強硬，美、俄兩國傾向附和，再藉此追討自己想要的權益。額爾金與葛羅分別以通商對清朝有利為由，希望清朝同意增開通商口岸。[3]美國方面則附和英、法兩國的意見。列衛廉在照文中說，現在西方諸國欲與中國定議章程，美國對此的態度是「在本國大概仍照三國所議」。[4]普提雅廷則只略談「多增買賣處所」，看起來都只是在附和前面英、法的要求，最

2 〔七一一〕〈何桂清等奏英法美俄投遞照會咨文摺〉，賈楨編，《籌辦夷務始末（咸豐朝）》卷十八，咸豐八年一月二十五日（1858/3/10），兩江總督何桂清、江蘇巡撫趙德轍上奏，收於中華書局編，《籌辦夷務始末（咸豐朝）》第2冊（北京：中華書局，1979），頁650-651。〔七一一〕係中華書局為使讀者閱讀便利，為檔案編輯之編號，之後亦同，不再贅述。

3 〔七一三〕〈英使額爾金為請派欽差大臣赴上海辦理賠款及商定約章事給裕誠照會〉，賈楨編，《籌辦夷務始末（咸豐朝）》卷十八，咸豐八年一月二十五日（1858/3/10），〈何桂清等奏英法美俄投遞照會咨文摺〉附件，收於中華書局編，《籌辦夷務始末（咸豐朝）》第2冊，頁652-655；〔七一四〕〈法使葛羅為請派欽差大臣赴上海辦理賠款及商定約章事給裕誠照會〉，賈楨編，《籌辦夷務始末（咸豐朝）》卷十八，咸豐八年一月二十五日（1858/3/10），〈何桂清等奏英法美俄投遞照會咨文摺〉附件，收於中華書局編，《籌辦夷務始末（咸豐朝）》第2冊，頁655-658。

4 〔七一五〕〈美使列衛廉為請派欽差大臣赴上海辦理賠款及商定約章事給裕誠照會〉，賈楨編，《籌辦夷務始末（咸豐朝）》卷十八，咸豐八年一月二十五日（1858/3/10），〈何桂清等奏英法美俄投遞照會咨文摺〉附件，收於中華書局編，《籌辦夷務始末（咸豐朝）》第2冊，頁658-660。

後才又特別提到他希望就清俄兩國之間的疆界問題另籌章程，這應當才是他真正的目的。[5]而裕誠的回覆更加肯定了這一想法。裕誠認為「俄囉斯國向不在廣東等處五口通商」，因此這次突然由上海轉交公文，令他感到相當驚訝。[6]由此便能明顯看出，俄國的重點始終在疆界問題，通商口岸的選定還是以英、法兩國為主。

清朝的應對方式則傾向以地方事務的方式處理。清廷除了責令裕誠不能照覆公文外，更強調：「諭以上海本非籌辦夷務之地，中國自有專辦夷務之人。俾該夷駛回廣東，聽候黃宗翰秉公查辦，方為妥善。」[7]被指名收受照文的大學士裕誠對此的回應是遵照中央指示，並無動身前往上海的想法，但他認為這並不等同於置之不答。[8]然而，裕誠的回應並不足以說服英、法、美、俄四國大使，在他們看來，裕誠的態度就是不回應。清廷認為「夷務」本就是由兩廣總督負責辦理，這些外國大使應至廣東，等候兩廣總督黃宗翰前去處理，根本不

5　〔七一六〕〈俄國為請派欽差大臣赴上海商辦分界及塔爾巴哈台貨圈事給軍機處〉，賈楨編，《籌辦夷務始末（咸豐朝）》卷十八，咸豐八年一月二十五日（1858/3/10），〈何桂清等奏英法美俄投遞照會咨文摺〉附件，收於中華書局編，《籌辦夷務始末（咸豐朝）》第 2 冊，頁 660-662。

6　〔七一八〕〈裕誠為令轉至各國拒絕在上海議事給何桂清等咨文〉，賈楨編，《籌辦夷務始末（咸豐朝）》卷十八，咸豐八年一月二十五日（1858/3/10），裕誠給何桂清咨文，收於中華書局編，《籌辦夷務始末（咸豐朝）》第 2 冊，頁 663-664。

7　〔七一二〕〈廷寄〉，賈楨編，《籌辦夷務始末（咸豐朝）》卷十八，咸豐八年一月二十五日（1858/3/10），收於中華書局編，《籌辦夷務始末（咸豐朝）》第 2 冊，頁 663-664。

8　〔七一八〕〈裕誠為令轉至各國拒絕在上海議事給何桂清等咨文〉，賈楨編，《籌辦夷務始末（咸豐朝）》卷十八，咸豐八年一月二十五日（1858/3/10），裕誠給何桂清咨文，收於中華書局編，《籌辦夷務始末（咸豐朝）》第 2 冊，頁 663-664。

應前往上海。可以看得出來，清廷非常希望能將此事歸於地方事務，最好就在廣東處理完畢。根據羅志田的看法，清廷對於「國體」的看重，更甚於今日我們所注重的「主權」與「領土完整」。[9]國體對現代人而言，或許是一件不容易理解的事情，因其反映的是當時清廷對國家的想像以及價值觀。就像清廷堅持夷務必須由兩廣總督負責，並且在廣東解決，這也是在看重國體之下的一種堅持。清廷這種態度，大大影響了後續《天津條約》的談判走向。

清廷在這之後一面令黃宗翰儘快赴廣東處理，一面又擔心外國大使真的直奔天津，下令直隸總督譚廷襄（？-1870）嚴陣以待。但黃宗翰沒能和外國大使會談，因為他們雖要求欽差大臣要在 3 月 31 日前往上海商議，但 3 月 26 日英、美兩國大使便已抵達上海。[10]雖然不確定當時黃宗翰究竟抵達廣東或仍在路途中，但綜觀史料，並無黃宗翰與各國大使商談會晤的匯報，很可能雙方早就錯過。於是條約談判地點隨之轉移，清廷的應對方式則是責令相關的地方官繼續與各國大使周旋談判。因此，當真正進行《天津條約》談判時，率先出面的便是直隸總督譚廷襄。這是由於天津在其轄下，因此 1858 年的談判工作便落到他頭上。由此也看出，此時的清廷並無專職的外交人員，外交制度並未因為鴉片戰爭以及《南京條約》的簽訂而有明顯的改變。

當時間來到 1858 年 5 月，雙方終於開始對條約內容有較具體的

9　羅志田，〈帝國主義在中國：文化視野下條約體系的演進〉，《中國社會科學》，5（2004），頁 192-204。

10　〔七三四〕〈何桂清等奏各使如赴天津請敕直隸總督應付摺〉，賈楨編，《籌辦夷務始末（咸豐朝）》卷十九，咸豐八年二月二十五日（1858/4/8），兩江總督何桂清、江蘇巡撫趙德上奏，收於中華書局編，《籌辦夷務始末（咸豐朝）》第 2 冊，頁 683。

討論。接下來，我會以法國及美國的條約擬稿，探討臺灣開港是如何逐步提出的。

一、法國與美國對臺灣開港的要求

譚廷襄一開始選擇委由表面上看起來與清政府較為親近的俄、美二國代表居中談判。1858 年 5 月 7 日，譚廷襄將與法國商議的結果奏報朝廷，該結果由俄國居中協調。在其奏摺的附件〈俄與法商議各款單〉中，法使提出將「浙江溫州海口及距廈門不遠之山島有買賣處通商」的要求，理由是「暗地早已交易，惟求明定章程」。[11] 雖然不清楚這裡所指的「廈門不遠處之山島」，是不是指臺灣，但可以推測，廈門附近的島嶼，可能有數處私自與洋人通商的情形，因此才會在此時被提出作為開港通商的口岸。

清廷對此的回應則相當強硬，認為五口通商早已載在《南京條約》之中，現在洋人欲增添口岸，便是視《南京條約》形同虛設。如果暗中交易屬實，那中國方面會嚴加查禁，怎麼能因此就將這些口岸轉化為載入章程的通商口岸？況且這些口岸規模太小，對於課稅助益不大，中國不貪這些小利，所以不能答應這些要求。[12]

繼法國之後不久美國也提出要求。1858 年 5 月 9 日，譚廷襄將擬與美國訂定之條款，移咨軍機處。從這份咨文可以看到，美國提出的

---

11 〔七九四〕〈俄與法商議各款單〉，賈楨編，《籌辦夷務始末（咸豐朝）》卷二十一，咸豐八年三月二十四日（1858/5/7），收於中華書局編，《籌辦夷務始末（咸豐朝）》第 3 冊，頁 745。

12 〔七九六〕〈軍機大臣擬答法國各條〉，賈楨編，《籌辦夷務始末（咸豐朝）》卷二十一，咸豐八年三月二十四日（1858/5/7），收於中華書局編，《籌辦夷務始末（咸豐朝）》第 3 冊，頁 747-749。

主張，也是目前所見各國中最早明確提出臺灣開港的資料：

> 現有數處，早經私開貿易，咸可立為通商正港，則商賈
> 安分，而為中國之益。如粵之瓊州、電白，潮州之沙頭，閩
> 之泉州、臺灣、淡水，浙之溫州等處，雖未有奉開港明文，
> 然貿易已不少，土人大獲其利。若此各港並其他港口，均應
> 立定開設章程，則國課可增，而不法之徒可弭矣。[13]

　　相較 5 月 7 日法國提出之條款，可以發現在通商口岸的選址上，
美國精確了許多，不僅僅提出臺灣，還提到淡水。可見美國對臺灣這
個蕞爾小島相對之下有較高的認識度。從咨文中可看出，當時臺灣雖
尚未開港，但興盛的貿易活動早已不是什麼秘密之事。這種興盛的貿
易活動，就是在第二章所談到的魯賓內等人，在 1850 年代中期於打
狗進行的鴉片貿易。[14] 譚廷襄認為，與其作為私開港口，不如開港，
納入國家管理的一環，既可收稅，又能杜絕不法之徒。而從美國欲開
之口岸為「臺灣」與「淡水」推測，此處所指的「臺灣」顯然是指「臺
灣府」，而非「臺灣島」，否則不必特別列出「淡水」。因此美國不僅
是四國中最先明確指出臺灣開港者，還明確指出要開 2 個口岸。

　　譚廷襄其實也意識到，英、法兩國代表跋扈囂張，原以為較為親
近的俄、美兩國代表明知卻不禁止，欲坐享漁翁之利，因此此四國對
清政府的貪婪所求，別無二致。不過無論如何，美國對口岸開設的要

---

13 〔八一二〕〈美國要求條款十一條〉，賈楨編，《籌辦夷務始末（咸豐朝）》
　　卷二十一，咸豐八年三月二十六日（1858/5/9），收於中華書局編，《籌辦
　　夷務始末（咸豐朝）》第 3 冊，頁 764-767。

14 黃嘉謨，《美國與臺灣：一七八四至一八九五》，頁 72-123。

求，仍必須交由皇帝定奪。[15]咸豐皇帝的態度則為：「五口通商載在合約，永遠遵行，是以前論不准議添。」這裡的「五口」指的是先前因《南京條約》所開的廣州、廈門、福州、寧波以及上海。

同一時間的英、法兩國仍未停止用武力對中國施壓，額爾金和葛羅集結了雙方的海軍力量，在 4 月到 5 月期間對天津大沽進攻，根據1858 年 5 月 21 日額爾金日記的說法：「自從 1849 年以來，剛過去的三個星期可說是最難熬的日子，真的沒心思寫任何東西。」[16]顯然繁忙的戰事令他從 4 月 21 日到 5 月 21 日整整一個月未曾動筆。咸豐皇帝大概是感受到這股壓力，最後只得退讓，表示：「必不得已，於閩省、粵省附近通商海口之地，酌加小口各一處。」[17]臺灣就在閩省附近通商海口之地的範圍中。

二、額爾金的談判手段與清政府對臺灣開港的態度

面對英法兩國的武力，咸豐皇帝開始退讓，從原先一口都不願多開的態度，轉變為在閩省、粵省酌開小口。但這不是他最後一次退讓，接下來在額爾金主導下，外國人的步步進逼，將使咸豐皇帝一再退讓，而臺灣也在一次又一次的退讓中逐步浮上檯面。

---

15 〔八一〇〕〈譚廷襄等又奏將美國要求各款呈覽摺〉，賈楨編，《籌辦夷務始末（咸豐朝）》卷二十一，咸豐八年三月二十六日（1858/5/9），直隸總督譚廷襄上奏，收於中華書局編，《籌辦夷務始末（咸豐朝）》第 3 冊，頁761-762。

16 額爾金（Earl of Elgin）著，沃爾龍德（Theodore Walrond）編，汪洪章、陳以侃譯，《額爾金書信和日記選》（上海：中西書局，2011），頁 89。

17 〔八一一〕〈廷寄〉，賈楨編，《籌辦夷務始末（咸豐朝）》卷二十一，咸豐八年三月二十六日（1858/5/9），收於中華書局編，《籌辦夷務始末（咸豐朝）》第 3 冊，頁 762-764。

　　譚廷襄最終並未負責條約談判，他在洋人的要求下被撤換，理由是品級不夠，要求改派一位可以代表皇帝的高級官員來談判。然而直到此時，清廷都還想以地方事務的方式處理此次糾紛。即便我們所知直隸總督是所有總督中位階最高者，但前面已經提過，譚廷襄的出面只是因為四國大使移動至天津，因此談判的工作才落在管轄天津的直隸總督譚廷襄頭上。這在四國大使眼裡看來，不過是又換了一個地方最高負責人出來罷了。同時，譚廷襄對於各項條約皆無法當即應允，也令英、法兩國不耐，在 5 月初時便相繼照會清廷，請清廷委派「便宜大臣」來負責談判。[18] 最後清廷方改派東閣大學士桂良（1785-1862）以及吏部尚書花沙納（1806-1859），並經皇帝授與便宜行事的權利後，外國大使方無異議。[19]

　　雖然說，最一開始英、法、俄、美四國便要求須派赴品級足以代表清政府的官員前來談判，甚至因而指定東閣大學士裕誠處理，但是從額爾金的日記可知，這其實是一種談判的慣用伎倆。在額爾金的日記中，6 月 4 日與中國官員的會晤，是一場威嚇作用勝於談判效益的政治會談。額爾金在與清方代表見面前，在日記裡寫道：「我奉行的政策帶來的結果是：軍事控制整個中國首都……再者，一天也不中斷

18　〔八〇三〕〈英使額爾金為限六日內派便宜行事大臣與議給譚廷襄等照會〉，賈楨編，《籌辦夷務始末（咸豐朝）》卷二十一，咸豐八年三月二十五日（1858/5/8），收於中華書局編，《籌辦夷務始末（咸豐朝）》第 3 冊，頁 754-755。

19　〔八八〇〕〈上諭〉，賈楨編，《籌辦夷務始末（咸豐朝）》卷二十三，咸豐八年四月十六日（1858/5/28），收於中華書局編，《籌辦夷務始末（咸豐朝）》第 3 冊，頁 825；〔九〇八〕〈廷寄二〉，賈楨編，《籌辦夷務始末（咸豐朝）》卷二十三，咸豐八年四月二十日（1858/6/1），收於中華書局編，《籌辦夷務始末（咸豐朝）》第 3 冊，頁 852。

在天朝的口岸的貿易活動。」[20] 而就在會晤結束後，額爾金於 6 月 5 日補充記錄與清朝官員會談的經過。他們在天津海光寺見面，寺廟裡備有樂隊、茶點，以及等候他到來的桂良與花沙納，而他則帶著 150 名士兵作為護衛，浩浩蕩蕩抵達寺廟。額爾金對桂良等人表示，因為見到這次中國官員發來的帖子上說他們有「全權」，才同意進行這場會晤。但額爾金隨即又要求雙方出示委任書，他展示了自己的委任書，並表示桂良等人拿出來的文件十分含糊。接著，額爾金展現了他精湛的演技，並將此在日記裡生動地記錄下來：

> ……我又非常想在他們身上看到某種我想要的效果，因此，當翻譯話講完了後，我就說我對此尚未感到十分滿意，暫時還說不清能否與他們立刻議和……說著，我就站起身來，朝那平台的前部走去，同時命令護衛一起走，叫人把轎子抬來。這使那幾個可憐的傢伙立刻慌了起來，他們費了好大的勁勸我再坐下，可我堅持扮演我那「兇猛成性」的角色，而且，這角色演得真叫絕。我二話沒說，拔腿就往我的住處走。還沒等我到達住處，就又收到那幫可憐的雇員送來的兩份帖子，說是謝謝我走那麼遠的路趕去會晤他們。[21]

足見額爾金一開始在上海要求派品級夠高的官員，並在之後與譚廷襄談判毫無進展時，以品級為由要求撤換官員，都只是外交往來上的手段。他最終的目的是想要清朝官員因此驚慌失措，進而答應他所提出

---

20 額爾金（Earl of Elgin）著，《額爾金書信和日記選》，頁 93。

21 額爾金（Earl of Elgin）著，《額爾金書信和日記選》，頁 93-94。引文為譯文照錄。

的每項要求。

　　桂良於 6 月 7 日同樣在海光寺接見了俄、法兩國使臣，這兩國的使臣並未像額爾金那樣橫蠻跋扈，但會晤期間亦未談及他們的要求，從桂良上奏皇帝的內容可知，這時候的條約商議，「當以照會往返，妥為商辦」。[22] 當時的條約商議是否有現場會議紀錄不得而知，但從《籌辦夷務始末》以及《四國新檔》中，並未看到為商議條約因此一來一往詳修內容的細項紀錄，由此推測，當時很有可能是以口頭商議，唯獨重要的款項（也就是那些「有傷國體」的項目），才會請示皇帝。畢竟皇帝授權予桂良和花沙納全權處理談判時，也說道：

　　　　如果是在情理，真心戢兵，但於中國無傷害者，定可允准，不必更生疑慮。桂良等經朕特簡，務須慎持國體，默察人情，除非禮相干各款外，其有應行便宜行事之處，即著從權辦理。[23]

　　不過桂良上奏之內容，也並非照抄條約內容呈予皇帝過目，而是向皇帝說明洋人所求之事，再行說明。也就是說，當皇帝看到條約內容時，已是簽約畫押的結果了。從《四國新檔》的〈咪夷合約〉結尾的註記文字可知，四國合約送回北京的順序，是先在 1858 年 6 月 28 日將俄、美兩國條約遞奏，再於同年 7 月 3 日奏遞英、法兩國條

22　欽差大臣桂良，〈接見俄嘆夷未提要求之事〉，咸豐八年四月二十六日（1858/6/7），收於中央研究院近代史研究所編，《四國新檔　英國檔》（臺北：中央研究院近代史研究所，1966），頁 520。

23　〔九〇八〕〈廷寄二〉，賈楨編，《籌辦夷務始末（咸豐朝）》卷二十三，咸豐八年四月二十日（1858/6/1），收於中華書局編，《籌辦夷務始末（咸豐朝）》第 3 冊，頁 852。

約。[24] 但我們知道的是，6 月 28 日距離俄國和美國條約簽訂已經過了一段時間，而且該日是英國條約簽訂的日子。

桂良與花沙納雖為全權代表，但是是在四國代表的堅持委派便宜行事官員，才促使咸豐皇帝妥協授予的頭銜，起初甚至沒有關防（政府機關蓋於公文書上的印信）。這表示，清朝對於由全權代表進行外交談判並無概念，或不想照單全收。可以知道的是，清朝此時對於「全權」的理解並不同於西方代表所擁有的「全權」。因此桂良等人並未用外交制度中「全權代表」的權責行事，否則理應向皇帝報備簽訂條約的種種事項，尤其天津到北京的距離並不遠，但他卻從未將他與洋人商談條約的詳細條目逐字列予皇帝過目。

到此已花費了頗長的篇幅談論《天津條約》的談判過程，甚至有些偏離本書的主軸。我之所以如此詳細地談論外國代表與中國官員一來一往的攻防，其實是想指出桂良等人的談判方式並無詳盡的會議紀錄，導致我們無從得知臺灣開港是如何逐字擬定並且討論的。不過我們仍可以從其他史料窺得一些蛛絲馬跡，並藉此推論清廷對於臺灣開港的態度。

在《天津條約》的談判中，最令桂良為難的要求，莫過於內地港口的開放，以及准許各國派遣駐京大使。在 6 月 12 日時其實咸豐皇帝就已經鬆口：「前諭桂良等准於五口之外，酌添兩小口，今既要求無厭，即著者英酌許閩粵地方一大口，如仍未滿所欲，或再許一大

---

24 欽差大臣桂良，〈咪夷合約〉，咸豐九年五月十八日（1859/6/18），收於中央研究院近代史研究所編，《四國新檔 美國檔》（臺北：中央研究院近代史研究所，1966），頁 147。

口亦可。總須在閩粵地方，不得指許內地。」[25]咸豐皇帝從兩小口、一大口到兩大口，逐步退讓，但無論如何都緊守底線，表示不管最終開幾口也好，都只能在閩粵地方。臺灣屬閩粵地區，究竟屬於大口或小口並不可知，但顯然臺灣距離內地甚遠，是清朝版圖的邊陲地區。如果可以靠臺灣開港而使英、法兩國退兵，皇帝應是會毫不猶豫地答應的，可以合理推測，此時的他一心只想著能盡快使這幫洋人帶著他們的部隊遠離京城。

　　負責談判的桂良等人恐怕被英國及法國的武力嚇壞了，急於答應所有外國人的要求，只求他們盡快撤離。但是桂良等人無法答應外國駐京大使的設置以及內地口岸開放，為此，他們在6月20日時，拜託俄使普提雅廷向英使額爾金說項，希望他放棄這兩項要求。[26]根據額爾金的說法，葛羅前來轉達俄、美代表的口信，說桂良等人表示：「自己要是在這兩點上讓步的話，肯定會掉腦袋。」[27]即便在武力的威脅下，桂良等人仍必須硬著頭皮捍衛的，顯然就是所謂的「國體」了。

　　有證據顯示清廷相當在意天津開港的問題。在6月28日，桂良等人回報與英國的條約已畫押用印，但是在同日，軍機大臣卻向皇帝報告，再次請託俄國去向英國說和，以登州換天津為口岸。[28]雖不知

25　〈命桂良等籌辦夷酋要求各項〉，咸豐八年五月二日（1858/6/12），收於中央研究院近代史研究所編，《四國新檔　英國檔》，頁542。

26　欽差大臣桂良，〈嘆夷要求駐京等欵已托俄夷說合〉，咸豐八年五月十日（1858/6/20），收於中央研究院近代史研究所編，《四國新檔　英國檔》，頁569。

27　額爾金（Earl of Elgin）著，《額爾金書信和日記選》，頁95。

28　軍機大臣奏，〈擬令俄夷說合以天津易登州為口岸〉，咸豐八年五月十八日（1858/6/28），收於中央研究院近代史研究所編，《四國新檔　英國檔》，頁606。

這兩件事情的先後順序，但可以確定的是清廷最不願意答應的條約內容，應當是天津開港。綜上所述，我們可以推論，清廷在此兵戎威逼的壓力下，如果非要開放通商口岸，絕不能開放靠近京城的天津，或者內河口岸，讓外國人深入國家內部對國體造成威脅，這些前提使得臺灣的開港在清廷眼中顯得相對不重要。

　　從上面的討論中可歸納出，以英、法、美三國為了商討廣東的糾紛，在 1858 年 2 月 24 日從上海啟程前往蘇州，為《天津條約》談判的起點，從談判到簽訂約經歷四個月，前期雖然有提出幾項核心要求，例如增開口岸、設駐京公使等等，但真正開始認真逐擬條約內容的時候已經是同年 5 月了，甚至 6 月初才真正與英國代表面對面談判。上述談判過程可看出《天津條約》真正花費在討論條約內文的時間上相對不多。儘管外國人是談判中主動的一方，但可以看到清廷也有所堅持。臺灣就是在這樣的情況下被提出成為通商口岸的一員。

第二節　《天津條約》中「臺灣」開港範圍問題

　　1858 年 6 月中簽訂《天津條約》後，於 8 月 28 日的《北華捷報》上刊載出其內容，撰文者在報導開頭寫道：「我們現在將《天津條約》的中文英譯版本呈現給各位讀者，並按照各條約字面意思重現我們的觀點，由於本報導係屬再翻譯之結果，故可能與英文原版的條約內容存有差異。」[29] 從這段報導內容可知，儘管中英雙方簽屬的是同一份條

29　Anonymous, "The Treaty of Teen-tsin." *The North China Herald* (28 Aug. 1858), p. 15. 資料檢索日期：2019 年 10 月 13 日。 網址：https://search. proquest.com/hnpchinesecollection/docview/1324924168/57E14F35ADF2487D PQ/1?accountid=14228。

約，但因語言的不同，導致條約內容存有歧異，即便將中文版本翻譯回英文，也與英文版本的內容不盡相同。而這些英國商人顯然知道有這樣的問題存在。

何偉亞（James L. Hevia）在《英國的課業：19 世紀中國的帝國主義教程》（*English Lessons: The Pedagogy of Imperialism in Nineteenth-Century China*）中即指出，英國在《天津條約》談判的過程中，便已知利用中英翻譯的字彙選擇，製造對自己有利的情勢。而這些翻譯成果，形塑了中國以外的世界以及在華外國人對 1857 年到 1860 年間種種事件的認知。《天津條約》中更訂明，爾後條約應以英文本為正，中文本應參照英文本詳細校正。[30] 因此，當我們在看條約內容時，有必要將中文及外文相互比對了解。

過去的研究也有注意到臺灣開港範圍的問題，然而甚少有研究實際從條約的內容來檢視臺灣的開港。葉振輝在其著作《清季臺灣開埠之研究》中對條約內容略作討論，但並未將俄、美、英、法四國所簽訂之《天津條約》中外文內容進行比對討論。[31]

清朝簽訂《天津條約》的對象依時序分別為俄、美、英、法。茲將清朝與各國簽訂之《天津條約》有關臺灣開港通商的部分整理如下：

---

30 何偉亞（James L. Hevia）著，劉天路、鄭紅風譯，《英國的課業：19 世紀中國的帝國主義教程》（*English Lessons: The Pedagogy of Imperialism in Nineteenth-Century China*）（北京：社會科學文獻出版社，2013〔2003〕），頁 48-52。

31 葉振輝，《清季臺灣開埠之研究》，頁 63-81。

表 3-1　1858 年簽訂之中外《天津條約》對照表

簽約對象	簽訂日期	外文內容	中文內容
俄	6/13	Статья 3-я. Торговля Россіи съ Китаемъ отнынѣ можетъ производиться не только сухимъ цутемъ въ прежнихъ пограничныхъ мѣстахъ, но и моремъ. Русскія купеческія суда могутъ приходить для торговли въ слѣдующіе порты: Шанхай (Shanghai), Нин-бо (Ningpo), Фу-чжоу-фу (Foo-chow-foo), Сямынь (Amoy), Гуандунъ (Canton), Тайвань-фу (Taiwan foo) на островѣ Формозѣ, Цюн-чжоу (Kiungchow) на островѣ Хайнанѣ, и въ другія открытія мѣста для иностранной торговли.	第三條 此後除兩國旱路於從前所定邊疆通商外今又准由海路之上海寧波福州府廈門廣州府等府瓊州臺灣府七處海口通商若別國再有在沿海增添口岸准俄國一律照辦
美	6/18	ARTICLE XIV. The citizens of the United States are permitted to frequent the ports and cities of Canton and Chauchau or Swatow, in the province of Kwangtung; Amoy, Fuhchau, and Taiwan in Formosa, in the province of Fuhkien; Ningpo, in the province of Chĕhkiang; and Shanghai, in the province of Kiangsu; and any other port or place hereafter by Treaty with other powers or with the United States opened to commerce; and to reside with their families and trade there, and to proceed at pleasure with their vessels and merchandise from any of these ports to any other of them; but said vessels shall not carry on a clandestine and fraudulent trade at other ports of China not declared to be legal, or along the coasts thereof. And any vessel under the American flag violating this provision shall, with her cargo, be subject to confiscation to the Chinese Government; and any citizen of the United States who shall trade in any contraband article of merchandise shall be subject to be dealt with by the Chinese Government, without being entitled to any countenance or protection from that of the United States. And the United States will take measures to prevent their flag from being abused by the subjects of other nations as a cover for the violation of the laws of the Empire.	第十四款 大合眾國民人嗣後均准携眷赴廣東之廣州潮州福建之廈門福州浙江之寧波江蘇之上海並嗣後與大合眾國或他國定立條約准開各港口市鎮於上所立各港互相往來但該船隻不得駛赴沿海口岸及未奉准開各港私行違法貿易有犯此禁令者應將船隻貨物充公歸中國入官其有走私漏稅或携帶各項違禁貨物至中國者聽中國地方官自行辦理治罪大合眾國民人均不得稍有袒護若別國船隻冒大合眾國旗號作不法貿易者大合眾國官自應設法禁止
英	6/26	ARTICLE XI. In addition to the Cities and Towns of Canton, Amoy, Foochow, Ningpo and Shanghai, opened by the Treaty of Nanking, it is agreed that British subjects may frequent the Cities and Ports of Newchwang, Tăngchow, Taiwan [Formosa], Chawchow [Swatow] and Kiungchow [Hainan]. They are permitted to carry on trade with whomsoever they please, and to proceed to and fro at pleasure with their Vessels and Merchandise. They shall enjoy the same privileges, advantages and immunities at the said towns and Ports as they enjoy at the Ports already opened to trade, including the right of residence, of buying or renting Houses, of leasing Land therein, and of building Churches, Hospitals and Cemeteries.	第十一款 一廣州福州廈門寧波上海五處已有江寧條約舊准通商外卽在牛莊登州臺灣潮州瓊州等府城口嗣後英商亦可任意與無論何人買賣船貨隨時往來至於聽便居住賃房買屋租地起造禮拜堂醫院墳塋等事並另有取益防損諸節悉照已通商五口無異

簽約對象	簽訂日期	外文內容	中文內容
法	6/27	ARTICLE VI. L'expérience ayant démontré que l'ouverture de nouveaux ports au commerce étranger est une des nécessités de l'époque, il a été convenu que les ports de Kioungtchau et Chaouchaou dans la province de Kouangton, Taiwan et Tanshwi dans l'île de Formose, province de Fokien, Tantchau dans la province de Shangtong, et Nankin dans la province de Kiang-nan, jouiront des mêmes privilèges que Canton, Shanghai, Ningpo, Amoy et Foutcheou. Quant à Nankin, les Agents Français en Chine ne délivreront de passeports à leurs nationaux pour cette ville, que lorsque les rebelles en auront été expulsés par les troupes impériales.	第六款 中國多添數港准令通商慶試慶驗實爲近時切要因此議定將廣東之瓊州潮州福建之台灣淡水山東之登州江南之江甯六口與通商之廣東福州廈門甯波上海五口准令通市無異其江甯侯官兵將匪徒剿滅後大法國官員方准本國人領執照前往通商

資料來源：海關總署《中外舊約章大全》編纂委員會編，《中外舊約章大全》（北京：中國海關出版社，2004），頁 265、273、285、299、317。

資料說明：《中外舊約章大全》主要影印自舊海關總稅務司署造冊處編纂出版的《中外條約匯編》，其主要參考書目包含：海關總稅務司造冊處1887年內部版《中外條約匯編》、1908年公開版《中外條約匯編》、英國牛津大學出版社美國紐約分社1921年出版《與中國簽訂的條約和協定》、由黃月波、于能模、鮑厘人於1935年編著之《中外條約匯編》、1884年日本東京圖文社出版之《締盟各國條約匯編》、1886年天津關書局出版之《通商約章類纂》、1957年王鐵崖編《中外舊約章匯編》等。條約中之方框為筆者自行標註之。本書為方便中外文條約對照，因而選用《中外舊約章大全》的版本，條約正本由中華民國外交部移交現保存於國立故宮博物院。

從表 3-1 中可以看到，不管是在中文或者外文的條約中，地名的寫法都沒有統一的格式。俄、美兩國所開口岸都是 7 處，然而在俄、美兩國後一週才簽訂條約英國及法國，其所開口岸分別為 5 口及 6 口，但加上原先因《南京條約》所開之 5 口，便分別有 10 口及 11 口，且其所開口岸並不完全相同。儘管這四國要求新開的口岸略有不

同，但顯然臺灣都被羅列其中。這些條約中對臺灣的稱呼，並沒有統一的格式，在外文條約中有許多不同的寫法。有些以「臺灣府」表示，有些則僅寫「臺灣」。相較之下，在中文條約中，大致上全部以「臺灣」表示，但也因此無法辨明指稱的對象是臺灣全島、臺灣府城又或者是臺灣縣。由上述條約內容來看，能夠明確斷定條約中指稱的「臺灣」為臺灣府城的僅有《中美天津條約》及《中法天津條約》。

最先簽訂的是 6 月 13 日的《中俄天津條約》，其中雖指陳應開港口為「Taiwan foo」，但當時臺灣的行政區劃確實為隸屬於福建省下的臺灣府，因此也不確定這裡指的是臺灣全島，又或者是臺灣府城。不過，就外國人的習慣而言，臺灣島多半仍以福爾摩沙稱之，因此可以推論這裡的 Taiwan foo 較有可能是指臺灣府城。而中文內容又更為模糊了，上海、寧波、福州府、廈門、廣州府、臺灣、瓊州府，相較清朝與其他國家訂定之《天津條約》，不僅內容書寫的邏輯有些紊亂，也無法從其中看出到底是要開臺灣全島，或者僅開臺灣府城。[32]《中俄天津條約》總計 12 條，有關開港的條約為第三條，整體而言，相較於其他三國，簽訂之條約數少，且文字也比較簡短。

接著是 6 月 18 日的《中美天津條約》。在其有關開港的條文中，英文部分所列出的「Taiwan in Formosa」可以理解為在福爾摩沙島的臺灣，因此這裡的臺灣應是指名為「臺灣」的城市，也就是臺灣府城。不過中文條約便與此產生歧義了，中文條約指開港地點為「福建之廈門、福州、臺灣」，這裡所指的「臺灣」，並無法確定到底是指整

---

32 因中文有同字但古今寫法有別之情形，因此本書若遇此情形，正文統一以今日書寫習慣之文字表示，史料引文則保留出處原樣，例如「甯波」、「琼州」為古字，今作「寧波」、「瓊州」，則正文統一以「寧波」、「瓊州」表示。之後同樣情形不再贅述。

個臺灣島，又或者是臺灣府城。奇怪的是，在第一節中提到，美國曾要求開港「淡水」及「臺灣」，當時所提到的「臺灣」顯然是指臺灣府城。然而在正式簽訂的《中美天津條約》中，竟然沒有列出，「淡水」，只剩下「臺灣」。雖然不確定美國放棄淡水開港的理由，但是據此推測，美國所想的「臺灣」可能是指臺灣府城。

《中法天津條約》對臺灣開港的地點就更為明確了。法文「Taiwan et Tamshwi dans l'ile de Formose」的意思指的是「在福爾摩沙島的臺灣和淡水」，其指定範圍相當明確，點出了福爾摩沙島上的兩個城市「臺灣」及「淡水」。另外，中文的部分也指出除了「臺灣」外，還要開通「淡水」，兩種語言的條文內容尚能配合。顯見此處之臺灣並非整個臺灣島，而是臺灣府城。而這也是《中法天津條約》與其他國家簽訂之《天津條約》相當不同之處，僅有法國在條約中指定淡水開埠，透露其對於淡水的渴望。

《中英天津條約》則可能存在有模糊地帶。Taiwan [Formosa] 可能會有兩種解釋：一是福爾摩沙之臺灣，一是將括號中的 Formosa 視為 Taiwan 別稱，即「臺灣（或稱福爾摩沙）」。不過，按照該條約內容的行文邏輯來看，Chawchow [Swatow] 應為潮州之汕頭，但如果看 Kiungchow [Hainan]，便也會產生跟臺灣一樣的問題，因為海南亦稱瓊州，因此到底是指海南島上的瓊州府，或者是「瓊州（或稱海南）」，都模糊不清。這也就不令人意外為何外國人在 1875 年會為了海南島的開港範圍與清政府發生衝突了。總而言之在英文語境中，這樣的陳述確實可能存在模糊之處。反而是條約的中文內容特別寫出應開在「臺灣」的「府城口」，可以說相當明確地指定了這裡的臺灣是「臺灣府城」。

　　清朝對於條約中所用之「臺灣」究竟是指臺灣全島或者臺灣府，其實我們無從得知，因為條約呈現的方式都略有差異，有些標明府城口，有些則無。不過負責簽訂條約的東閣大學士桂良，過去曾在1839年擔任過閩浙總督，並於1851-1852年擔任福州大將軍，臺灣在其職權範圍內。[33] 據此推測，桂良對臺灣事應非全然不知。

　　從前述比對中，我們似乎可以觀察到，條約簽訂有隨著日期推演而越趨精準的傾向。其中最模糊者當數最早簽訂的《中俄天津條約》，最明確者則為較晚簽訂的《中法天津條約》。結合前面外國代表寫給裕誠的照會來看，英、法居於條約談判主導地位應是可以確定的。而俄、美的行動較為一致，英、法則是一起行動，從四國簽訂條約的時間便可窺知。俄國的最終目標在疆界問題，其實對於開港應無太多要求，因此對於條約訂定內容可能較為隨便，僅為配合英、法的要求。而美國當時正積極地在中國發展外貿活動，想來對於條約內容應還是有所在意的。在前面幾國陸續簽訂後，參考其訂定的條約內容，越晚簽訂的國家想必在簽訂時有越充分的考量。而各國條約與其相對應之中文內容相互比對後，卻難以相互配合，隱隱透露「一個臺灣各自表述」的感覺，唯一可確定毫無異議的應當只有《中法天津條約》。

　　此外，我們也不難發現，這四國的條約存在著某種程度的相似性，隱然有一條約的模版存在。從前面幾段的討論可知，條約談判的

---

33 中央研究院歷史語言研究所，〈桂良〉，《清代職官資料庫》。資料檢索日期：2022 年 11 月 7 日。網址：https://newarchive.ihp.sinica.edu.tw/sncaccgi/sncacFtp?ACTION=TQ%2CsncacFtpqf%2C(%E6%A1%82%E8%89%AF)@TM%20AND%20(%E6%9D%B1%E9%96%A3%E5%A4%A7%E5%AD%B8%E5%A3%AB)@TT%2C2nd%2Csearch_simple。

主動權通常掌握在外國人手上，清政府官員不論是談判地點及談判人選都相形被動，更遑論條約內容的擬定了。因此，若要更進一步了解條約內容的擬定，就必須要了解四國代表之間的往來，以及他們是如何合作的。

第三節 四國代表的合作模式

英、法、俄、美四國代表早在正式與清朝談判前，便已多有接觸，他們逐漸結合，對北京形成一股壓力。額爾金初來乍到時也相當猶疑，他並未將與清政府開戰看成是一件毫無壓力的事情，相反的，他在日記中提到，如果到北京去，可能會迫使皇帝向他們宣戰，雙方交戰將影響北部港口城市的貿易，但他又不得不遵從命令前往北京與皇帝進行談判。[34] 可見額爾金其實並不希望走到動武這一步。1857 年 10 月 16 日葛羅抵達香港，額爾金在日記裡寫道，他希望葛羅能與他一同行動。[35] 11 月時，他見到俄使普提雅廷，他們在香港見面，有鑑於和清朝談判的受挫，普提雅廷表示，如果不給予清朝壓力，任何事情都無法辦到。[36] 普提雅廷去了白河河口，但未獲准進入北京，此一事件令額爾金意識到，如果換作是他也會得到相同的待遇，因此他認為「四國事宜得由我〔指額爾金〕來決定並實施了。」[37] 顯示額爾金意識到與其他國家代表合作的重要性，並希望由他自己來主導合作。12

---

34 額爾金（Earl of Elgin）著，《額爾金書信和日記選》，頁 33。

35 額爾金（Earl of Elgin）著，《額爾金書信和日記選》，頁 37-38。

36 "The Earl of Elgin to the Earl of Clarendon." (14 Nov. 1857), *British Parliamentary Papers: China.*, vol. 33, pp. 473-474.

37 額爾金（Earl of Elgin）著，《額爾金書信和日記選》，頁 40。

月時，額爾金和葛羅見面漸趨頻繁，他們一同制定「行動計畫」。他在日記裡記錄道：「現在，我在外交上的處境很好。俄國人在白河河口吃了閉門羹；美國人也兵臨葉〔指兩廣總督葉名琛〕的城下；法國人也說有充分的理由挑起與葉的爭端……我們可以說是居高臨下。」[38]

　　除了共同商議行動計畫外，外國代表們也會交換草擬的文書，互相參考。1858年2月4日，額爾金在停泊於廣東附近的狂怒號（*Furious*）上，分別致信列威廉及普提雅廷，隨信附上他打算與清政府談判的內容，供兩人參考。他也指出，此次的行動會有英、法兩國的武力作為後盾。[39] 兩天後，列威廉便馬上回信，對額爾金發出的邀請表示感謝，但因美國政府的限制，他沒有辦法參與軍事行動，但他能和平地配合額爾金等人的行動。[40] 普提雅廷也在四天後便回信給額爾金，表示他願意接受英國方面的邀請，一同促使清政府同意他們的要求，好謀取大眾利益（general interest）。他也在信中提到，俄國對於大眾利益的理解是：「1. 與北京建立常態的外交關係；2. 擴大外國人的貿易；3. 保障基督徒的自由。」[41] 顯然，這四國在此時便已經有了結盟合作的關係。額爾金甚至將他自己對清政府的要求提供給俄、美兩國代表參考，由此可見，雙方確實存在著一種合作關係，並且分享情報，這種合作關係在之後的條約簽訂中也能看到。

38　額爾金（Earl of Elgin）著，《額爾金書信和日記選》，頁43。

39　"The Earl of Elgin to Count Poutiatine and Mr. Reed." (4 Feb. 1858), *British Parliamentary Papers: China*, vol. 33, p. 606.

40　"Mr. Reed to the Earl of Elgin." (8 Feb. 1858), *British Parliamentary Papers: China*, vol. 33, p. 607.

41　"Count Poutiatine to the Earl of Elgin." (8 Feb. 1858), *British Parliamentary Papers: China*, vol. 33, p. 606.

　　1858 年 4 月 23 日，額爾金再度致函俄、美兩國代表。隨信附上他打算寄給清朝大學士的備忘錄（note），他告訴兩人，葛羅將會做出相同的行動，要普提雅廷及列威廉自行挑出合適的部分擬稿，如此，「毫無疑問的，將會為我們的請求（representations）增加影響力。」[42] 1858 年 6 月 15 日，就在《中俄天津條約》簽訂兩天後，普提雅廷隨即致信額爾金，表示在英、法兩國的幫助下，條約很快便簽訂完成，且與先前額爾金曾過目的俄約草稿毫無差別，更將其簽訂之條約內文隨信附上。[43] 由此可見，各國代表之間的緊密關係，如此便可以解釋，何以清朝與這幾個國家所簽訂的《天津條約》存有相似性。

　　儘管在 6 月中完成了畫押簽訂，《天津條約》仍然充滿變數，額爾金無法直接返回英國，因為皇帝是否通過條約才是關鍵。在等待的期間，他先去了一趟日本，簽訂了《安政條約》，9 月時再度返回中國。但情況仍不明朗，他 9 月期間滯留在上海，卻無事可做，因為原本應該要出現與他會談的欽差大臣並沒有出現。1858 年 10 月 10 日，額爾金在他的日記中寫道：「看來清朝的專使們還妄想繼續在廣州壓制我們，想要在之前做的讓步上重掀波瀾……」[44] 額爾金的態度相當強硬，他釋放出訊息，暗示若是不按照先前談妥的那樣通過條約，那麼他將再度以武力進犯天津。額爾金似乎非常不信任清廷，他認為清廷很有可能對於先前所談定的條約內容反悔。最後確實也因為清廷不願履約，使得英、法兩國再度聯手，促成了第二次的英法聯軍。

42　"The Earl of Elgin to Count Poutiatine and Mr. Reed." (23 Apr. 1858), *British Parliamentary Papers: China*, vol. 33, p. 687.

43　"Count Poutiatine to the Earl of Elgin." (15 Jun. 1858), *British Parliamentary Papers: China*, vol. 33, p. 752.

44　額爾金（Earl of Elgin）著，《額爾金書信和日記選》，頁 102-122。

　　1859 年 6 月，中外再度發生衝突，當時外國人正準備前往北京換約，以完成《天津條約》最後一道程序。當他們要求進入大沽遭拒，便於大沽展開軍事行動。費正清指出，此時清朝的外交關係正在兩條軌道上進行著。儘管在地方上，外國人和地方官員正在進行實際的合作，但代表中央的北京仍堅守國體，對於駐京大使的設置仍然百般抗拒，拒不承認與其他國家持平等往來關係。中外衝突最後延燒至圓明園，咸豐皇帝奔走熱河。最後由恭親王奕訢接下中外關係的燙手山芋，並分別與英國、法國以及俄國簽定《北京條約》。[45] 至此，我們看到的大多是外國人之間的合作，不論是外交或者軍事上，都聯合對北京施壓。

　　然而，在互相合作共同籌劃洋人在清朝的利益背後，也存在有國與國之間的不合之處。尤其是帶頭的英、法兩國，表面上看起來總是站在同一陣線，但從《翻譯官手記》（*Journal D'un Interprète En Chine*）便能看出英、法檯面下的較勁。《翻譯官手記》是法國人對英法聯軍攻入圓明園所留下的紀錄。作者埃利松伯爵（Le Comte d'Herisson, 1839-1893）20 歲時跟隨蒙托邦將軍（Charles Cousin-Montauban, 1796-1878），在 1860 年英法聯軍時擔任英語翻譯，參與了圓明園的攻佔行動。當時他在英法聯軍中擔負與英國盟軍聯絡溝通的工作。然而埃利松伯爵為免英國人反彈，1886 年才正式出版了這本書。[46] 據他所述，在圓明園中法軍找到了一些用歐洲語言書寫的文件，是中外簽訂的各種條約，以及一些清政府官員與英、法代表之間的往來信件。蒙托邦將軍將埃利松伯爵叫來，要求他翻譯《中英天津

45　費正清（J. K. Fairbank）著，〈條約體制的建立〉，頁 302-314。

46　埃利松（Le Comte d'Herisson）著，應遠馬譯，《翻譯官手記》（*Journal D'un Interprète En Chine*）（上海：中西書局，2011〔1886〕），頁 1。

條約》，由蒙托將軍自己拿著《中法天津條約》兩相比對，發現兩者有許多出入，埃利松伯爵記錄道：

> 這兩個條約的內容怎麼會如此奇怪，出入如此之多呢？兩個國家在派遣赴華部隊的時候，約定過一切都要共同分擔：共患難，共艱苦，同樣共享受。……在中國欽差來天津談判期間，各國特使向他們遞交一份用各自語言起草的條約，這個條約是根據結盟雙方事先自己起草，然後告知另一方並經過另一方確認之後的文件。[47]

據埃利松伯爵的說法，英國提供給中國欽差的條約，並不是先前與法國核對過的版本，他認為英國在最後一刻抽換了條約，而這份抽換過的條約出現了只對英國人有利的特別優惠內容，涉及賠款及沿海租借等項目。除此之外，在那些中英往來的信件中，埃利松伯爵與蒙托將軍看到額爾金如何在信件中詆毀法國人。英國人的兩面手法使蒙托將軍暴跳如雷，認為英國人狠狠地背叛了雙方的結盟關係。[48]

從埃利松伯爵的記載可知，這些外國代表在一開始便曾聚在一起討論過要如何簽訂條約，可見他們是計劃「集體行動」的。在埃利松伯爵的眼裡，法使葛羅是一個老態龍鍾的外交官，因額爾金熟悉清朝而將他視為老師與領導。而備受埃利松伯爵欣賞的蒙托將軍，因而陷入聽從一個年邁體弱的法國代表的境地，而這位法國代表又聽從於英國代表的指揮。[49]這種同進退的集體行動關係，使四國簽訂之《天津

---

47 埃利松（Le Comte d'Herisson）著，《翻譯官手記》，頁 246-247。
48 埃利松（Le Comte d'Herisson）著，《翻譯官手記》，頁 247-248。
49 埃利松（Le Comte d'Herisson）著，《翻譯官手記》，頁 93-94。

條約》所要求的內容明顯有雷同之處，但同時，根據埃利松伯爵與蒙托將軍在圓明園的發現，四國《天津條約》內容出入的地方，顯然是因為，條約是四國個別對清朝簽訂，各個國家有自己考量而自行增訂修改的。英法之間的結盟關係顯然是主要的，比起俄、美，法國顯然比較在乎英國的條約內文。

　　儘管歐洲列強在歐洲世界裡彼此可能是敵對關係，但據羅志田的研究，歐洲列強在面對清政府時，為了達成目標，他們反而會互相合作，團結一致向清政府爭取利益。當條約體系面對清政府的挑戰時，歐洲列強為了捍衛這個體系更容易結合在一起。[50] 這也就說明了《天津條約》談判中英、法、俄、美所扮演的角色，在這之中，以英、法兩國較為強勢，儘管在歐洲世界中兩者存在著競爭關係，但在與清政府談判時，雙方集結各自的武力，共同進逼清廷，而勢力較為弱小的俄、美兩國，則在談判中為英、法兩國幫腔，達到他們各自的外交目的。不過各國代表背地裡又有各自的盤算。雖然表面上四國之間是合作關係，實際上仍存有自己的心思，並體現在《天津條約》之中。

　　總結來說，四國代表之間因為相互合作而使條約內文有雷同之處，據此可以推測，他們條約中談到「臺灣」時的想法，或許也雷同。如果從這個角度來看，既然法國和美國代表所呈現的「臺灣」指的是南部的「臺灣府」，那麼可以合理推測另外兩國的想法亦相去不遠。

50　羅志田，〈帝國主義在中國：文化視野下條約體系的演進〉，頁 197-198。

第四節　小結

　　經過本章的梳理，我們最後可以發現，臺灣開港的促成確實由外國人主導，而且主要是英、法、美三國。清朝當時對臺灣開港的態度並不多麼重視，誠然清朝對於開港，起先的態度是相當抗拒的，但那是由於清朝將對外國人開放領土視作有違國體的行徑。待到後期，在武力的威嚇下，咸豐皇帝只得一而再、再而三地鬆口。正如同前面的研究所顯示，咸豐皇帝最在意的，應是開放的口岸位置不能太過靠近京城。但顯然最後開放的口岸並不如咸豐皇帝所願，國土沿海地帶從北至南都有開設條約口岸，甚至最後內河港也無可避免地開放。其中，離京城最遠的閩粵地區的口岸，便是臺灣的四口以及海南。閩粵地區早在《天津條約》以前便已開有福州、廈門、廣東、香港及澳門等港口，此區域的條約口岸相較其他地區確實較為密集。臺灣可以說是洋人垂涎已久的貿易據點，然而經檢視《天津條約》後，儘管內文存有模糊地帶，但唯有臺灣府及淡水寫入條約之中是不爭的事實，打狗自始至終都未曾寫入。因此接下來必須檢視條約簽訂後到打狗開港實際落實這段期間，各群體對臺灣條約口岸位置的討論。

第四章　打狗開港的提出

　　從第三章可知，打狗本不在《天津條約》臺灣開放口岸的名單之中，雖然前面曾提過，最早向清政府要求開放打狗的國家為美國，但是最後簽訂條約時反而沒有寫入打狗。一切似乎又回到原點，到底打狗是如何變成條約口岸之一，對於這個問題的答案，至此我們仍毫無頭緒。

　　簽訂條約後，便要依約落實，在落實的過程中，清政府無可避免地要面對條約口岸實際設置位置的問題，也正是在這個過程中，打狗開始頻繁浮上檯面。目前從史料可知，在清政府內部，率先正式提出開放打狗的是福州稅務司美里登（Baron de Meritens，生卒年不詳）。美里登為法籍人士，他在 1857 年來華，一開始在使館擔任翻譯，後加入大清海關，並於 1861 年到 1871 年間擔任福州海關稅務司的職務。他對於臺灣的情況似略知一二，曾在同治年間（1862-1875）計劃在雞籠山開採煤礦。[1] 然而若要更進一步理解何以他會提出這樣的構想，實有必要了解《天津條約》簽訂後的清朝政治及社會發展。

　　1860 年以後，清朝迎來了一個重要的轉變，恭親王奕訢開始成為清廷主要的領導力量。在《天津條約》簽訂後，尚須待各國國內相關機關核准條約，再與簽約國換約，《天津條約》才正式生效。然而清廷與英、法兩國對換約地點未能達成共識，引發了第二次英法聯軍之役。這場戰役自 1859 年延續到 1860 年雙方簽訂《北京條約》為止，並透過《北京條約》要求清廷履行《天津條約》。負責收拾善後

1　中國社會科學院近代史研究所翻譯室編，《近代來華外國人名辭典》（北京：中國社會科學出版社，1981），頁 325。

的正是咸豐皇帝的弟弟恭親王奕訢，這也是他崛起的契機。[2] 以奕訢為首的勢力建立起了總理衙門，負責清廷的外交事務，走向務實的外交政策。對外尋求和平外交關係，對內則開始自強運動。1860 年代採行務實外交的官員並不排斥與外國人來往，甚至與外國人合作。[3] 政局的轉變，造成新式海關制度在此背景下逐步推廣至各個條約口岸，其帶來的海關稅收將在往後對清政府日益重要。即是說，開放條約口岸與獲得海關收益逐漸劃上等號。

此時期同樣也是清政府對商稅需求大幅提升的關鍵期。此時的清政府飽受內憂外患的夾攻，除了來自外部的英法聯軍，內部尚有太平天國之亂。清政府既要籌措軍費，又要支付英法聯軍戰敗後的賠款，更不要提當時的臺灣，也發生了席捲西半部的戴潮春事件。焦頭爛額的清政府對財政需求恐怕達到前所未有的高度。不過清政府原先稅收仰賴田賦，但由於清政府對百姓永不加賦的承諾，導致咸豐以前的稅收缺乏彈性，一旦發生戰亂，有臨時的經費需求，財政便容易超出負荷。[4] 清政府此時開始將目光轉向商稅，首先開辦的是釐金制度。釐金乃因應平定太平天國之變的臨時籌款辦法，主要表現在貨物過關卡的通過稅以及交易稅上。但在太平天國宣告平定後，卻因為支出不減，商稅有利可圖而繼續保留下來。[5] 同樣的，海關關稅在清政府眼

2　費正清（J. K. Fairbank）著，〈條約制度的建立〉，頁 311。

3　郝延平、王爾敏著，吳文星譯，〈中國的中西關係觀念之演變（1840-1895）〉，收於費正清（J. K. Fairbank）編，張玉法等譯，《劍橋中國史　晚清篇 1800-1911（下）》（臺北：南天書局有限公司，1987），頁 168-185。

4　岩井茂樹著，付勇譯，《中國近代財政史研究》（中國近世財政史の研究）（北京：社會科學文獻出版社，2011〔2004〕）。

5　羅玉東，《中國釐金史》（北京：商務印書館，2010〔1936〕），頁 3-15。

裡也是從商稅尋求財政缺口的出路。據海關總稅務司赫德的說法，那些必須辦理條約口岸的地方官員，多主動尋求他協助開辦新式海關。然而在這個行列中獨缺臺灣。相較於 1862 年 4 月在廈門毫無阻礙地（without the slightest trouble）設立了海關辦公室，臺灣的地方官卻為臺灣開關製造許多麻煩。[6]

　　臺灣道不願配合的態度，從臺灣在諸條約口岸中較晚開放可見一斑。表 4-1 為清末各口設置新式海關的時間一覽表，原則上，開設新式海關意味著徹底落實條約口岸。表 4-1 中的各海關為 1842 年《南京條約》、1858 年《天津條約》以及 1860 年《北京條約》所開放並設置新式海關之條約口岸，與第三章的圖 3-1 中所示之條約口岸略有出入。這是因為圖 3-1 之目的在列出外國人可前往之中國大陸沿海口岸，而表 4-1 則僅列出設有大清海關之條約口岸，因此並未包含瓊州（1876 年後才設海關）、江寧（未設海關）、香港（英國殖民地）、澳門（葡萄牙殖民地）。這是晚清第一批新式海關的成立。直到 1876 年《煙臺條約》的簽訂後，才又因新開放口岸而新設海關。從該表可見，這一批新式海關中，光是臺灣一島便開設四關，占全數的四分之一，比例相當高。1858 年《天津條約》簽訂後，時隔五年，臺灣才真正在淡水設置了第一個新式海關。打狗作為倒數第三個開放的口岸，無疑算是相當晚了。然而即便如此，它還是比《天津條約》所要求開放的臺灣府（最後開放的是沿海的安平）還早開放。

6　Robert Hart, "Hart's Memorandum of November 1864 on the Foreign Customs Establishments in China." 收於吳松弟編，《美國哈佛大學圖書館藏未刊中國舊海關史料（1860-1949）》第 250 冊，頁 177-182。

表 4-1　1876 年簽訂《煙臺條約》以前晚清新式海關設關時間一覽表

開設時間（西元年）	中文關名	英文關名	開放所根據之條約名稱	開設時間（西元年）	中文關名	英文關名	開放所根據之條約名稱
1854	江海關	Shanghae	南京	1862	九江關	Kiu-king	天津
1859	粵海關	Canton		1862	廈門關	Amoy	南京
1860	潮海關	Swatow	天津	1863	東海關	Chefoo	天津
1861	鎮江關	Chin-keang	天津	1863	淡水關	Tamsui	天津
1861	浙海關	Ningpo	南京	1863	雞籠關	Kelung	
1861	津海關	Tientsin	北京	1864	山海關	Newchang	天津
1861	閩海關	Foochow	南京	1864	打狗關	Takow	
1862	江漢關	Hankow	天津	1865	安平關	Taiwanfoo	天津

資料來源：本表係參考陳詩啟，《中國近代海關史（晚清部分）》（北京：人民出版社，1993），頁 69-74、84-86 編製，惟雞籠關亦有收稅能力，而為筆者自行加入。雖然《南京條約》中五口通商包含粵海關（廣州），但粵海關在洋人僅可在廣州貿易的時期即開放，故本表不列出其「開放所根據之條約名稱」。打狗的開關時間，陳詩啟採用 1863 年的說法，然筆者採用 1864 年，因該年打狗海關正式開關啟徵，關於打狗海關的設立時間將於第五章進一步討論。雞籠與打狗兩口雖為條約口岸，但並不在條約中，故本表不列出其「開放所根據之條約名稱」。

　　本章著重在 1858 年《天津條約》簽訂後，到底是何人提出打狗開港，又是如何設計打狗開港，而這項提案又是如何為官員們所討論。相較於過去將臺灣開港視為清政府戰敗後簽訂條約的產物，並將臺灣開港的 4 個口岸一體看待，本章單獨以打狗為案例觀察條約口岸的成形。從這個視角看 19 世紀的條約口岸，將能觀察到條約口岸實際開設時，是如何同時因應 19 世紀的條約體制和傳統的清朝地方政治，以及在這個過程中所產生的問題。

第一節　美國爭取臺灣先行開市未果

由於打狗本非《天津條約》中預期所開之港口，因此在談論打狗開港之前，必須花一點篇幅探討臺灣整體在清政府簽訂《天津條約》後的開港狀況，方能明白打狗開港的脈絡。第三章討論了外國人欲開放臺灣對外貿易的計畫，並強調了英、法、美三國主導，促成臺灣的開放主要圍繞在南臺灣的臺灣府，以及北臺灣的淡水兩地。不過這些仍只是紙上的文字，接下來將看到這些文字如何轉化為實際的行動。

1858 年簽訂《天津條約》後，史料最早可見對於臺灣開口的討論為 1859 年 3 月總稅務司李泰國（Horatio Nelson Lay, 1832-1898）的〈江海關呈稅務條款清摺〉。該摺描述如下：

> 以上海、廣東兩處定為總口，稅必大旺；餘如瓊州、潮州、福州、廈門、台灣五處定為中口，寧波、鎮江、登州、牛莊等四處定為小口。[7]

江海關指的是上海海關。自簽訂《天津條約》後，中國大陸沿海由南至北都有口岸開放，在這之中上海恰位在海岸線中點，其重要性逐漸取代廣州，對外交涉的重心也逐漸轉往上海。李泰國在 1859 年 1 月 29 日被任命為第一任總稅務司，並在上海的江海關展開籌備其他地方新式海關的工作，著手規劃各個條約口岸的開設。[8] 從他指出「稅

7　吳煦，〈江海關呈送稅務條款清摺（呈通商大臣）〉，咸豐九年二月（1859/3），收於臺灣史料集成編輯委員會編，《明清臺灣檔案彙編》第 64 冊，頁 56-57。引文為上海道吳煦奏摺中引述總稅務司李泰國的論點。

8　陳詩啟，《中國近代海關史（晚清部分）》，頁 58-84。

必大旺」，即可知道他對開港設關的樂觀積極。李泰國將臺灣定調為中口，與瓊州、潮州、福州、廈門並列。儘管比不上上海及廣東兩口，但仍在寧波、鎮江、登州及牛莊等小口之上。

不過李泰國對設置海關所表現出來的積極，並無法代表整個清政府對於設置新式海關的態度。1859年中外關係仍陷僵局，蓋因簽訂條約後，尚須經雙方國內有關單位批准通過，並與簽約國換約方可生效。英、法兩國堅持至北京換約，對清廷而言可謂一大威脅，雙方僵持不下。[9] 因此即便前述江海關對開設條約口岸呈現積極態度，仍不可斷然將此作為整個清政府的想法。此時的新式海關尚未完全在清廷站穩腳步，也還不是一個全國式的機構。[10]

相較於海關的積極樂觀，清中央層級政府對開放臺灣貿易顯得較為保留。《天津條約》中已經指出臺灣增開條約口岸，由於條約具「一體均霑」的特性，綜合俄、美、英、法四國的要求，臺灣應開「臺灣府」及「淡水」。不過到了1859年8月5日，中央仍認為牛莊、登州、淡水以及長江內各口，都沒有增開的必要。其中淡水無增開必要的理由為「淡水即臺灣地方，既有臺灣，即可毋庸淡水」。[11] 這裡所稱之兩處臺灣，據文意判斷，前者為臺灣島，後者則為臺灣府。淡水乃臺灣島一地方區域，既然已決定開放南部的臺灣府，則臺灣島已有通商口岸，因此不需再多開放淡水一口。

9　費正清（J. K. Fairbank）著，〈條約體制的建立〉，頁314-316。

10　陳詩啟，《中國近代海關史（晚清部分）》，頁97-99。

11　〔一六四五〕〈廷寄〉，賈楨編，《籌辦夷務始末（咸豐朝）》卷四十一，咸豐九年七月七日（1859/8/5），收於中華書局編，《籌辦夷務始末（咸豐朝）》第5冊，頁1557-1558。

　　至於是否有可能中央的意思是指臺灣全島開放，所以毋庸再特別開放淡水呢？我認為就文意來看無法這樣解釋。因為該摺的目的在提出牛莊、登州、淡水以及長江內各口都無開港的必要，而牛莊、登州及長江各口都確實列載在條約之中，由此看來清廷顯然不願依約開放這些口岸。因此就其文意脈絡來看，臺灣的情況亦是能少一口是一口，既有臺灣府開放，則無須淡水。連淡水都不願增開，更遑論在條約中自始至終未曾出現過的打狗了。據此也可以推論，當時清政府認為臺灣為福建省轄下的一個「府」，在行政體系上，像臺灣如此的行政規模，一口便足以代表臺灣開放外國貿易。

　　以上終究都只是清政府方面的想法，在沒有迫切的需求下，清政府在臺灣開港上並沒有任何進一步的舉動。既然如此，究竟是誰想要臺灣開港呢？

　　到了 1859 年後半，由於美國希望臺灣按照《天津條約》之規定先行開市，臺灣開港的討論遂又提上檯面。此時美國已經先英、法兩國一步完成換約，希望能盡快執行新的條約內容。美國公使華若翰（John Elliott Ward, 1814-1902）為此三番兩次與兩江總督何桂清（?-1862）商談，他對於臺灣先行開市一事似乎甚為急迫。在 1859 年 9 月18 日何桂清已將華若翰的要求奏報朝廷。[12] 雙方往返數次後，何桂清與華若翰約定，「如潮、臺兩口准先開市，中國亦應設關收稅，並令地方官會同領事官妥議交易合宜之處。」[13] 從這句話來看，設置海關的

12　〔一七〇五〕〈何桂清奏美使請在潮州臺灣先行開市摺〉，賈楨編，《籌辦夷務始末（咸豐朝）》卷四十三，咸豐九年八月二十二日（1859/9/18），收於中華書局編，《籌辦夷務始末（咸豐朝）》第 5 冊，頁 1630。

13　〔一七五七〕何桂清，〈何桂清奏會晤美使以三事為請摺〉，賈楨編，《籌辦夷務始末（咸豐朝）》卷四十四，咸豐九年十月二十一日（1859/11/15）

主動權仍在清朝手中，且清朝開放貿易的區域在簽訂條約時已經決定，但條約口岸埠址的設置則須由地方官及領事商討。這也顯現出在條約制度下，外國領事的重要性日益增加，在新式海關的建立中，領事是不可或缺的一環。可以說，新式海關制度的設計從一開始便包含了外國領事。緒論裡提到的郇和寄信確認臺灣埠址一事便可在此獲得解釋，因為郇和本就有權參與條約口岸埠址的決定。

對於臺灣開港設關，兩江總督何桂清建議中央應儘早決定，究竟要另外指派臺灣的海關監督，或者由閩海關管理，再或者由臺灣道就近管理。[14] 由於過去臺灣向歸閩海關管理，何桂清所指的閩海關極有可能是傳統由福州將軍管理的閩海關，而非1861年新設的福州洋關。此時在臺灣海關事務上，顯然將海關監督、閩海關或者臺灣道，都看成是同一層級。不過臺灣並不在兩江總督何桂清的轄下，因此何桂清只是轉達華若翰的要求，但具體應在何處開設通商口岸，最後交由閩浙總督慶端處理。

為了回應美國的要求，閩浙總督慶端等人在1859年的12月提出臺灣開港較為具體的計畫。他們指出：

> 以臺灣縣屬之鹿耳門、彰化縣屬之鹿仔港、淡水廳屬之
> 八里岔等三處為出入正口。其八里岔口內之滬尾一澳，亦為

（硃批），收於中華書局編，《籌辦夷務始末（咸豐朝）》第5冊，頁1683。

14 〔一七七〇〕何桂清，〈何桂清奏預備潮臺開市情形摺〉，賈楨編，《籌辦夷務始末（咸豐朝）》卷四十五，咸豐九年十一月十一日（1859/12/4）（硃批），收於中華書局編，《籌辦夷務始末（咸豐朝）》第5冊，頁1700-1701。

商船寄碇之區，附近滬尾之艋舺地方，並為各商貿販之所。[15]

慶端此舉似在暗示傳統對渡口岸八里坌附近的滬尾，即今日的淡水，是一個適宜辦理通商口岸的地點。不過慶端認為美國若要先行開市徵稅，應當按照先前與兩江總督何桂清的約定，待美國派領事赴臺與地方官協商後，方可開放貿易。儘管美國積極爭取臺灣開市，但是最後卻未派遣領事來臺。雖不清楚為何美國遲遲未派人來臺，但此時已逼近美國內戰期間（1859-1865），美國政府恐怕因國內的動亂已無暇他顧。總而言之，既然美方後續並未派員進一步要求，清朝也就不再主動提起臺灣開港之事。

值得注意的是，清中央層級政府半年前認為臺灣開港僅開臺灣府一口即可之事，卻在實際研擬臺灣開港時，遭到地方官的拒絕。慶端的奏摺（1859/12）是我們最早可見有關臺灣府不便開港設關的史料。他指出條約中明確指示應開放的臺灣府，因其附近的港口鹿耳門淤積，並不適合開港。慶端曾向前臺灣道裕鐸徵詢意見，此時的裕鐸已升為福建布政使司。裕鐸告訴慶端鹿耳門一處早已淤積，「港道淺窄」，「均非商夷船隻輻輳所宜」。[16] 裕鐸於1848-1854年曾任臺灣府知府，當時的臺灣道是徐宗幹（1796-1866，任期為1847-1854），待徐

15　閩浙總督慶端、福州將軍兼管閩海關東純、福建巡撫瑞璸，〈為遵旨會議咪國使臣請在閩省臺灣口岸開市完稅籌備緣由事〉，咸豐九年十一月二十九日（1859/12/22）（上奏），收於臺灣史料集成編輯委員會編，《明清臺灣檔案彙編》第64冊，頁240-243。

16　閩浙總督慶端、福州將軍兼管閩海關東純、福建巡撫瑞璸，〈為遵旨會議咪國使臣請在閩省臺灣口岸開市完稅籌備緣由事〉，咸豐九年十一月二十九日（1859/12/22）（上奏），收於臺灣史料集成編輯委員會編，《明清臺灣檔案彙編》第64冊，頁240-243。

宗幹升任福建巡撫，裕鐸也隨之升任臺灣道。[17]他可以說是一位對臺灣相當熟悉的官員，在其建議下，閩浙總督慶端經考量後認為適合開港的地方反而是淡水。

不過慶端與裕鐸兩人在官場上的作為，實存為人詬病之處，令人忍不住懷疑在臺灣府不適合開港的表態上，是否存有私心。1862年慶端因瀆職被彈劾，係因其「顢頇廢弛，日事荒樂」，放任心腹「納賄營私，專務搜括」又「分洋藥稅贏餘」，並接受心腹的饋獻，此處之心腹也包含了裕鐸。更糟糕的是，慶端在太平天國之亂時，還攔截救援浙江的救兵，因此觸怒了朝廷。而慶端的怠職之所以在此時爆出，係因時任福建布政使司的裕鐸也遭人彈劾在地方仕紳家中「狎妓荒讌」，並挪用公款。作為上司的慶端「任用私人，多方袒庇」，對裕鐸的行為毫無批判，甚至朝廷將之查辦時，仍敢代為徇隱。經此一事，慶端作為閩浙總督的職涯已到了盡頭，他被拔除官職，由廣東巡撫耆齡（1804-1863）接手其原先職務，並由耆齡及福建巡撫徐宗幹徹查。[18]由此可見，慶端與裕鐸兩人在官場上屬於互利共生的關係，上

17　中央研究院歷史語言研究所，〈裕鐸〉，《清代職官資料庫》。資料檢索日期：2022年11月7日。網址：https://newarchive.ihp.sinica.edu.tw/sncaccgi/sncacFtp?ACTION=TQ%2CsncacFtpqf%2C(%E8%A3%95%E9%90%B8)@TM%20AND%20(%E7%A6%8F%E5%BB%BA%E5%B8%83%E6%94%BF%E4%BD%BF)@TT%2C2nd%2Csearch_simple。中央研究院歷史語言研究所，〈徐宗幹〉，《清代職官資料庫》。資料檢索日期：2022年11月7日。網址：https://newarchive.ihp.sinica.edu.tw/sncaccgi/sncacFtp?ID=53&SECU=1059200629&ACTION=TQ,sncacFtpqf,(%E5%BE%90%E5%AE%97%E5%B9%B9)@TM,,。

18　覺羅勒德洪等奉敕修，《大清穆宗毅（同治）皇帝實錄（一）》卷16（臺北：華文書局，1964〔1879〕），頁39-41（總頁388-389），同治元年正月辛丑（1862/2/16）。覺羅勒德洪等奉敕修，《大清穆宗毅（同治）皇

級包庇下屬，行貪汙腐敗之事。在第二章曾提到，裕鐸在任職臺灣道時曾未經准許，於 1855 年始私開臺灣與洋商貿易，向洋商私徵船桅稅，並全數歸己所有。[19] 當時他的上司福建巡撫正是慶端。[20] 兩人的關係可由慶端在臺灣設置條約口岸時，越過當時的臺灣道孔昭慈（1795-1862），而去詢問前一任臺灣道裕鐸可見一斑。總而言之，在此之後慶端與裕鐸基本上再也無從過問臺灣之事，接下來臺灣開港由福建巡撫徐宗幹以及閩浙總督左宗棠（1812-1885）接手處理。

綜上所述，在美國於 1859 年要求臺灣先行開市失敗之後，臺灣開港設關的討論便又沉寂，蓋因此時清朝深陷中外衝突而無暇他顧。同年，英國人欲強行前往北京換約，但途中卻在大沽遭到炮擊，英國砲艦被擊沉，損失慘重，此事件最終引發 1860 年英法聯軍進犯北京，著名的火燒圓明園事件，即是此次聯軍之役中清朝付出的慘痛代價。[21] 清朝真正開始著手進行臺灣開港事務，要等到 1860 年 10 月北京議和之後。

至此，據前所述美國要求臺灣先行開市卻不了了之的事件，可歸納出三項重點。首先，1859 年時的清中央層級政府仍不太願意增開口岸。從其認為既有臺灣即毋庸淡水可知，清中央層級政府認為臺灣

帝實錄（三）》卷 54，頁 15-17（總頁 1448-1449），同治二年正月甲寅（1863/2/24）。

19　葉振輝，《清季臺灣開埠之研究》，頁 159。

20　中央研究院歷史語言研究所，〈慶端〉，《清代職官資料庫》。資料檢索日期：2020 年 4 月 29 日。 網址：http://archive.ihp.sinica.edu.tw/ttscgi/ttsquery?0:0:mctauac:TM%3D%E5%BE%90%E5%AE%97%E5%B9%B9%20or%20%28%E5%BE%90%E5%AE%97%E5%B9%B9%29%40SF。

21　費正清（J. K. Fairbank）著，〈條約體制的建立〉，頁 314-316。

開一口即足以代表全島，而其心中認定的口岸為臺灣府。由比例原則
來看，也較為合理。也就是說，清中央層級政府的本意是按照條約規
定，選擇了淡水及臺灣府兩地中的臺灣府，作為臺灣的條約口岸。

第二，地方官員以對渡口岸的角度思考條約口岸，並且可能出
於私心，在選擇臺灣的條約口岸時，反而捨臺灣府選擇了淡水。截至
1859 年底為止，清朝地方官員對於臺灣條約口岸的討論，仍圍繞在
對渡口岸上，臺灣開港仍僅止於臺灣府及淡水兩地是否開港的討論，
全然無打狗的蹤影。慶端提出的幾個口岸，也就是鹿耳門、鹿仔港及
八里坌，全是清代臺灣的對渡口岸，而滬尾亦在八里坌不遠處，顯見
他的想法是從對渡制度下的口岸出發。由此可見，清政府官員習慣於
從既有制度出發，來配合條約中的新規定。這個習慣並不僅止於此次
的討論。在後續打狗實際開港時，新式海關設置的過程，也是從傳統
制度出發，一點一點地轉換為新式海關。這個過程我會在下一章中繼
續說明。

最後，這起事件也突出了領事在設置條約口岸上的重要性。兩江
總督何桂清和美國對埠址需由雙方派員商討後選定方可開港的約定，
延續到日後英國派員來臺時。美國雖急於以《天津條約》繼續商業活
動，然而美國未派遣領事來處理臺灣開港設關，因而喪失先機，臺灣
開港主導權逐漸為英國取代。以下，英國人在臺灣為設置條約口岸而
奔走的例子，正可說明領事在條約口岸的重要性。

第二節　英國人與大清海關的臺灣增設口岸計畫

經過年餘，英國人方面也開始關心臺灣通商口岸的開設了。1861

年，臺灣尚未設有任何條約口岸時，便已派遣郇和任駐臺灣副領事。從結果來看，可以說臺灣未來條約口岸的催生與建設，確實是在郇和及其助手柏卓枝抵臺後，幾經奔走才得以推動的。

緒論提及 1861 年，郇和寫信對英國駐京公使卜魯斯詢問臺灣究竟應開口岸在何處，他在信中還提供了幾個他在臺灣調查遊歷後認識的口岸，作為開港的選項，包含淡水、雞籠、臺灣府、打狗以及蘇澳。[22] 不過郇和在赴任不久後便請假離開臺灣了，被留在臺灣的助手柏卓枝，反而才是臺灣口岸開港時期，主要的領事業務負責人。許多關於臺灣開港的業務，都是由柏卓枝與派認為海關監督的福建候補道區天民（生卒年不詳）洽談。

於此同時，清政府政治結構也有了變化。在 1860 年英法聯軍進犯北京後，由恭親王奕訢主導的政治勢力逐漸崛起。1861 年起，以奕訢及文祥（1818-1876）為首，自強運動如火如荼地開展。他們對英法兩國遵守條約的形象，印象深刻，因而認為對外政策應轉為對列強讓步，並承認條約體系。「自強」代表著清朝對外關係想法的轉變，太平天國事件加深了這些官員的想法。在對抗太平軍時，清朝仰仗英、法軍的幫助，更加使得奕訢認為與外國人合作不失為可行辦法。同時，外國人也協助清政府管理海關，以籌措對抗太平軍的軍費。[23]

推動自強運動的主要機構是總理衙門，該機構成立於 1861 年，又稱總署，在 1884 年以前由恭親王奕訢主持，負責外交事務。該機

22　"Swinhoe to Bruce, Amoy." (30 Jan. 1861) FO 228 / 313, pp. 1-4.

23　郭廷以、劉廣京著，謝國興譯，〈自強運動：西洋技藝的追求〉，收於費正清（J. K. Fairbank）編，張玉法等譯，《劍橋中國史　晚清篇 1800-1911 年（上）》，頁 581-631。

構同時也是海關的上級管理機關。[24] 除此之外，部分官員看到上海的成功例子，開始嚮往透過新式海關賺取稅收，因此可推論此時的清政府對開港的態度逐漸轉為積極。不過臺灣的開港卻不如預期，如上節所述期間遭受許多困難，與臺灣地方官的抗拒不無關係。[25]

臺灣的新式海關從北部率先開始著手進行。在閩浙總督慶端的推薦下，朝廷派遣福建候補道區天民來臺辦理開港事務，於 1862 年 7 月 18 日在淡水設關徵稅。[26] 不過，正如同緒論提到，開港與開關並非總是同時並行，淡水也面臨同樣的情況。儘管 1862 年區天民奉旨來臺後確實辦理了淡水開港的業務，但並未就此依循新式海關的做法徵收關稅，因為據赫德的備忘錄可知，淡水直到 1863 年才設置海關辦公室。[27] 同時，葉振輝的研究也指出，區天民來臺後因貪圖船桅稅的收入，仍遵行 1855 年臺灣道裕鐸的做法，向外國船隻徵收船桅稅。船桅稅是一種依據船的大小所徵收的稅，類似於來臺貿易的許可費用。當時臺灣的政經中心仍在臺灣府，該地同時也是臺灣道主要的勢力範圍，因此，區天民作為一外派來臺的官員，在沒有地方基礎的情

24　趙淑敏，《中國海關史》，頁 13-16。

25　部分清朝地方官員對開港態度的積極，以及臺灣地方官員對開港的抗拒，可參考：Robert Hart, "Hart's Memorandum of November 1864 on the Foreign Customs Establishments in China." 收於吳松弟編，《美國哈佛大學圖書館藏未刊中國舊海關史料（1860-1949）》第 250 冊，頁 177-182。

26　閩浙總督慶端、福州將軍兼管閩海關東純、福建巡撫瑞璸，〈為遵旨會議咪國使臣請在閩省臺灣口岸開市完稅籌備緣由事〉，咸豐九年十一月二十九日（1859/12/22）（上奏），收於臺灣史料集成編輯委員會編，《明清臺灣檔案彙編》第 64 冊，頁 240-243。

27　Robert Hart, "Hart's Memorandum of November 1864 on the Foreign Customs Establishments in China." 收於吳松弟編，《美國哈佛大學圖書館藏未刊中國舊海關史料（1860-1949）》第 250 冊，頁 177-182。

況下，難以違逆反對臺灣府開港的臺灣道；於是在這樣的背景下，區天民不敢擅自開設臺灣府作為通商口岸，否則將會影響臺灣道既有的船枓稅徵收，也因而延宕了南部海關的開設。[28]臺灣的開港業務自此陷入停滯。

對於臺灣開港的延宕，柏卓枝頗有微詞。他在 1862 年及 1863 年都曾致信駐京公使卜魯斯，建議增開打狗港。[29]他提到，在僅有淡水開港的狀態下，雞籠和打狗仍都有船隻貿易，這是過去的地方政府所允許的結果。如果就此關閉這兩個口岸，對這些商人是不公平的。而在沒有任何來自北京授意的情況下，他亦無法獨自為增開口岸負責。當柏卓枝向區天民反映這些問題時，區天民則不斷推拖，亦不願意處理增開口岸的問題，只要求柏卓枝儘速讓那些停泊在淡水以外口岸的外國船駛離。柏卓枝認為區天民只在乎自己在雞籠的「船隻抽稅計畫」（the Taoutai pursued his own plan of taking duties from the vessels there in Kelung）。[30]柏卓枝指稱區天民在雞籠抽的船稅，或許即為臺灣道在南部抽取的船枓稅。

卜魯斯似乎確實將柏卓枝的提議放在心裡，並可能為此找上總稅務司赫德，因為在 1863 年 7 月 12 日赫德的日記裡，寫道：「下午兩點應卜魯斯先生之邀，往訪，談了一小時……他對臺灣也提了幾個問題，看來對打狗和基隆的安排是滿意的。」[31]儘管赫德並未多提是什麼

28　葉振輝，《清季臺灣開埠之研究》，頁 158-160。

29　葉振輝，〈英國外交部有關臺灣文件簡介〉，《臺灣文獻》，36（3）（1985），頁 502-532。

30　"Braune to Bruce, Tamsuy." (31 Aug. 1862) FO 228 / 330, pp. 9-14.

31　赫德（Robert Hart）著，凱瑟琳‧布魯納（Katherine Bruner）等編，傅曾仁等譯，《步入中國清廷仕途：赫德日記：1854-1863》（*Entering China's*

樣的安排，但根據日記書寫的時間點，應當與打狗及雞籠這兩個口岸的開放有關。即是說，打狗開港的提案，從地方領事傳到北京的駐京公使，再由駐京公使轉達予新式海關的主要負責人赫德。在與臺灣地方官交涉未果後，外國領事決定繞過臺灣地方官員，由其上級駐京公使，直接會同任職於清政府的新式海關負責人，將打狗開港的請求直接推向清政府的決策高層。由此來看，要求增開打狗乃清政府中央層級官員與英國外交官員合作催生的結果，以下便可見其過程。

1863 年，福州稅務司美里登正式提出增開打狗的提案，該提案由通商大臣李鴻章（1823-1901）呈至總理衙門，最後轉咨福州將軍耆齡。目前並沒有史料可以直接解釋為何由美里登提案，不過如果赫德要找人安排卜魯斯所拜託的事項，美里登似乎是不二人選。事實上，美里登與赫德之間往來頻繁。赫德日記裡時常提到他與美里登的書信往返，也常在日記中抱怨或調侃美里登，透過聯繫美里登促成卜魯斯之請，似是非常有可能的事。此外，赫德在 1865 年的日記（當時臺灣四口的開港都已告一段落）曾提到，他認為臺灣口岸自此可以擺脫它們從屬於福州的地位。[32] 可以推測在此之前，他是將臺灣口岸置於福州的管理下，既然如此，請福州海關稅務司幫忙也合情合理。有證據顯示，美里登認真地辦理了赫德交代的任務。從怡和洋行檔案

Service: Robert Hart's Journals, 1854-1863）（北京：中國海關出版社，2003〔1986〕），頁 373。1863 年時，今日的基隆仍維持舊稱「雞籠」，為與該書譯文相同，故此處雞籠參照譯文寫作「基隆」。

32　赫德（Robert Hart）著，凱瑟琳‧布魯納（Katherine Bruner）等編，陳絳譯，《赫德與中國早期現代化：赫德日記（1863-1866）》（*Robert Hart and China's Early Modernization: His Journals, 1863-1866*）（北京：中國海關出版社，2005〔1991〕），頁 328。

可知，1864 年時美里登曾親自前來臺灣。[33] 就其時間點來看，美里登此行很有可能是為了考察各個口岸，尋找適宜開辦條約口岸之處。

　　不過目前我們無法找到美里登提案的原件，僅能從閩浙總督左宗棠、福州將軍耆齡以及福建巡撫徐宗幹上奏之〈為臺灣通商添設外口征稅請先行試辦恭摺會奏仰祈聖鑒事〉的轉引文部分窺知一二。美里登的提案節錄如下：

　　　現在臺灣稅務由地方官辦理，一年收銀四、五萬兩，以洋藥而言，淡水、雞籠、臺灣府、打狗港四處，每年進口至少有五、六千箱，即可征稅或十五萬兩，或十八萬兩，將外國人作稅務司辦理，臺灣新關每年足可收銀三十萬兩，實是中國大有利益。請以雞籠口作淡水子口，打狗港作臺灣府子口，緣雞籠與淡水相連，打狗與臺灣府相連，照此辦理，祇須稅務司一名，即可辦理四口稅務，按月經費亦不必多，或一千兩，或一千二百兩，即可敷用，而一年所收稅銀，可以三十萬兩之多，請咨福州將軍，即照稅務司章程，轉飭派往臺灣之副稅務司，速往臺灣，遵照辦理。[34]

美里登指出現在臺灣稅務由地方官辦理，可見即便淡水已經開關徵

33　"R. A. Houstoun to James Whittall, Takow (18 Aug. 1864)." In Jardine, Matheson & Co. Archives, Cambridge University Library, MS JM/B3/3/1. 本件檔案承蒙中央研究院近代史研究所朱瑪瓏助研究員提供。

34　閩浙總督左宗棠、福州將軍耆齡、福建巡撫徐宗幹，〈為臺灣通商添設外口征稅請先行試辦恭摺會奏仰祈聖鑒事〉，同治二年八月一日（1863/9/13）（上奏），收於臺灣史料集成編輯委員會編，《明清臺灣檔案彙編》第 65 冊，頁 457-459。

稅，仍未完全採行新式海關的制度，海關洋員無從插手。同時美里登似在點出，交由臺灣地方官辦理的稅務並不理想。他提到，淡水、雞籠、臺灣府、打狗四口早有洋藥貿易（即鴉片貿易），每年進口至少五、六千箱，再次驗證早在臺灣開港前，洋人已在臺灣島上進行貿易活動，且鴉片的貿易量引人注目。美里登又指出，在臺灣開設海關成本低廉，四口僅需一名稅務司管理。如若能用少量成本，換來鴉片貿易的高額關稅，無疑是一筆可解清政府燃眉之急的鉅款。

當時代理通商大臣的李鴻章，對美里登的提案表示贊同：

> 察核所請，擬於通商條款及善後條約內所載，凡有嚴防偷漏，應由中國設法辦理，及各關現征子口稅之法，尚相符合，與另請添設口岸有間，且該稅務司已預定每年可增收銀三十萬兩，諒已確有把握。雞籠、打狗二港，作為臺灣、淡水子口，設立司稅經理，以杜偷漏，而益稅課。[35]

為何李鴻章以及美里登要將打狗和雞籠定調為子口，推測與《天津條約》脫離不了關聯。更精確一點來說，「子口」乃清朝傳統的口岸用詞，推測應是代為轉奏的李鴻章所改正。美里登較有可能使用的是 dependency 一詞。不過無論如何，我們都可以將之理解為「條約口岸的附屬口岸」。據俄、美、英、法簽訂的《天津條約》，明文規定開放的口岸僅臺灣府及淡水二口。

---

35 閩浙總督左宗棠、福州將軍耆齡、福建巡撫徐宗幹，〈為臺灣通商添設外口征稅請先行試辦恭摺會奏仰祈聖鑒事〉，同治二年八月一日（1863/9/13）（上奏），收於臺灣史料集成編輯委員會編，《明清臺灣檔案彙編》第65冊，頁457-459。

　　實際設置條約口岸時和條約內文有落差是很常見的事情，這都是為了配合實務上的需要而展現的彈性。例如條約指定的登州口岸，最後開設在煙台。[36] 不過這些都只是從甲地移到乙地的辦法，如臺灣這般增開口岸的情況相當少見。要如何在清朝大部分官員不反對的情況下增開港口，最好的辦法便是不在明面上增加口岸數目。正如李鴻章之所以要說「與另請添設口岸有間」，便是要強調請開打狗及雞籠為子口，稱不上是添設。假使將打狗及雞籠都設為子口，如此便仍維持臺灣僅開二口的狀態。李鴻章的做法就是利用高額的稅銀收入作為誘因，並為朝廷解套，指出此種做法並不違背條約臺灣只開二口的約定，盡可能地使朝廷同意增開口岸的要求。畢竟四年前（1859 年）朝廷上還主張「既有臺灣，毋庸淡水」如此排斥增設條約口岸的想法。

　　總理衙門受理美里登的提案後，提出了更進一步的想法：

　　　　查雞籠口、打狗港二處，既往〔經〕署理通商大臣體察情形，可作為臺灣、淡水子口，設立稅務司，征收洋稅，自應準如此議辦理。惟子口稅銀向祇征收半稅，今查雞籠、打狗二口既須收洋商進出口正稅，並收復進口半稅，則打狗一港可作臺灣之外口，雞籠一港可作淡水之外口，所收稅銀，仍將臺灣、淡水造報，行文查照。如果於稅課有益，別無窒礙，即妥議一切經費章程，會同奏明開辦。[37]

36　Robert Hart, "Hart's Memorandum of November 1864 on the Foreign Customs Establishments in China." 收於吳松弟編，《美國哈佛大學圖書館藏未刊中國舊海關史料（1860-1949）》第 250 冊，頁 177-182。

37　閩浙總督左宗棠、福州將軍耆齡、福建巡撫徐宗幹，〈為臺灣通商添設外口征稅請先行試辦恭摺會奏仰祈聖鑒事〉，同治二年八月一日（1863/9/13）（上奏），收於臺灣史料集成編輯委員會編，《明清臺灣檔案彙編》第 65

總理衙門的意見指出，增開口岸並無問題，然而若要增開，應開為「外口」，較開設「子口」更為妥當，因子口只能徵收半稅，然而經查，目前雞籠與打狗對洋商所收之稅率與正口無異。從稅額多寡來看，便能注意到子口與外口的明顯差異。子口與正口並非只是從屬關係，子口只收半稅，而外口則較似於正口的延伸，收洋商進出口正稅。所以，若臺灣的貿易量真的那麼龐大，那麼與其開設子口，不如開設外口，所收稅額更豐，這可能是總理衙門提出將打狗作為外口的原意。值得注意的是，當時臺灣正式對外開放的口岸分明僅有淡水，何以經查可知雞籠、打狗收洋商進出口正稅及復進口半稅呢？按理來說，淡水既已開放，作為臺灣當時唯一開放的條約口岸，其他口岸不該再開放洋商貿易才是。顯見臺灣與洋商之間的走私貿易並未因淡水開放而消聲匿跡，反而以一種不上不下的尷尬形式繼續在各個非條約口岸進行。而總理衙門此舉的目的，似在表明既已知此種貿易現況無法斷絕，便試圖以設立稅務司的方式，將臺灣對外貿易的利潤收歸中央，而非放任地方官辦理。

美里登等人的做法，合理化了英國外交人員對臺灣增開口岸的計畫。他們這麼大費周章，正是為了避免反對增開口岸的聲浪。不過接下來，或許連美里登本人都沒有料到，開放打狗這件事比他想像中的順利。因為從臺灣地方官的反應來看，問題的核心並不在臺灣開放幾口，癥結點一直都是臺灣府。

冊，頁 457-459。經比對原件，「既往」應為「既經」。

第三節　代替臺灣府開港的打狗港

　　1860 年代前期的臺灣島上最重要的事情，莫過於開設條約口岸以及戴潮春事件。清政府對於在臺灣開設條約口岸的計畫，越來越清晰，然而從前面的討論中，我們可以看到臺灣開港業務執行的並不順利。光是開放淡水便費了好一番功夫。而這些負責辦理條約口岸的官員，多半也都肩負著平定戴潮春事件的軍務，像是本應負責開港業務的區天民也被指派支援北路的軍務。[38] 如果單從當時臺灣相關的奏摺內容來看，臺灣一方面軍務告急，部分武裝力量甚至抽調至閩浙地區支援太平天國之亂，城池一個一個淪陷在戴潮春及其同黨的手中。另一方面，臺灣各條約口岸仍一個接著一個開辦了，甚至比原訂計畫多開放了兩口。

　　1863 年 9 月 13 日，依據總理衙門的開港提案，也就是前一節所討論的將打狗設為臺灣府外口、雞籠設為淡水外口的計畫，閩浙總督左宗棠、福州將軍耆齡及福建巡撫徐宗幹，聯名上奏，請開打狗為通商口岸。這是清地方層級官員第一次正式提請開打狗為通商口岸。左宗棠等人大抵上遵從總理衙門的提案，其奏摺用語多半重複前面美里登以及總理衙門的提案。值得一提的是，當時代替年幼的同治皇帝批閱奏摺的，正是主導總理衙門的恭親王奕訢。即是說總理衙門的提案，乃是恭親王奕訢知情並同意的做法，不管左宗棠等人當時心中的想法如何，在奏摺上不太可能直接表示否定意見。

---

38 〈為奏委令候補道馬樞輝駐紮八里坌口兼籌濟臺地軍餉事（附片）〉，同治二年六月八日（1863/7/23）（硃批），收於臺灣史料集成編輯委員會編，《明清臺灣檔案彙編》第 65 冊，頁 386。

　　左宗棠等人的回應可能只是表面上同意。因為在徐宗幹的附片中寫道：

> 臺灣道、府現在籌辦軍務，郡城交商並協同經理巡防事
> 宜，臺灣府一口似未能即行開辦，已由美李登另派稅務司一
> 名前往，會同該道、府查看情形，妥議具覆，另行奏報。[39]

　　徐宗幹所言「籌辦軍務」指的是籌辦對付戴潮春之役的軍務，徐宗幹以臺灣道、府無暇他顧為由，暫緩臺灣府的開港。

　　此番拒絕理由看似合理，但這其實已是第二次有地方官員拒絕臺灣府開港了，而三番兩次的推拒實在令人不得不起疑，其中必有因故。第一次為 1859 年閩浙總督慶端等人〈為遵旨會議咪國使臣請在閩省臺灣口岸開市完稅籌備緣由事〉中前臺灣道裕鐸的意見，該奏摺已在第一節討論過，此處不再重述。而 1863 年徐宗幹以軍務為由拖延臺灣府開港也並非最後一次。1864 年，閩浙總督左宗棠及福建巡撫徐宗幹，又聯名上書〈為臺灣府城未便設立稅口籌議辦理情形恭摺奏祈聖鑒事〉，指出「臺灣海口既經查明淤淺，應請毋庸設口」，而「打狗港相距水程不遠」，故能作為增開口岸支應臺灣關。[40]於是臺灣府的設關便又再度拖延了。先前還只是因軍務未能即行開港，這一次則直接指出「毋庸設置口岸」。

39　福建巡撫徐宗幹，〈為奏陳未能即行開辦臺灣府一口事宜事（附片）〉，同治二年八月二十五日（1863/10/7）（硃批），收於臺灣史料集成編輯委員會編，《明清臺灣檔案彙編》第 65 冊，頁 464-465。

40　閩浙總督左宗棠、福建巡撫徐宗幹，〈為奏臺灣府城未便設立稅口籌議辦理情形事〉，同治二年十二月二十一日（1864/1/29）（上奏），收於臺灣史料集成編輯委員會編，《明清臺灣檔案彙編》第 66 冊，頁 118-120。

何以地方官員屢次拖延，甚至想方設法避免臺灣府成為條約口岸呢？第二章曾短暫登場的臺灣道裕鐸，早在開港前便已與外國人往來，這表示，臺灣道並不會單純因為民族情結而拒絕與洋商貿易。因此臺灣府不願開港，是無法用排外、民族情結或者官員保守等理由解釋，但我們能從利益的角度更進一步分析地方官員們的想法。

長期以來，我們在清代臺灣史中隱隱能感到，臺灣道的經費來源相較其他地方官員來得多樣化。相較於其他同層級的官員，臺灣道的薪俸並不高，養廉銀也較少，張舜華認為正是因為如此，臺灣道常從其他地方尋求補貼。[41] 不過目前尚未有人對此進行系統性且全面性的研究，我亦僅能就臺灣道從對外貿易與口岸管理方面所能獲得的「業外收入」，討論一二。這有助於我們更進一步理解條約制度與新式海關設立對臺灣財政所帶來的衝擊，也能更進一步理解究竟何以臺灣道不願臺灣府開港。

首先是管理港口所能獲得的利益。原來在對渡貿易的管理上，臺灣道便有審查商民對渡資格的權力。此外，在前面曾提到臺灣的口岸分作文、武口，文口由文官管理，武口則由武官管理。商船入港時須接受港口的盤查，商船在文口所支付的相關費用，為臺灣道之收入。[42]

除了文口的收入外，自 1855 年始，臺灣道裕鐸私開洋商貿易，也為他帶來一筆不小的財富。據葉振輝研究，裕鐸在開港通商以前，便自行准許洋人來臺貿易，並且對他們抽收船桅稅。船桅稅按船舶的

41　張舜華，〈臺灣官制中「道」的研究〉（臺北：國立臺灣大學歷史學研究所碩士論文，1980），頁 232-235。

42　莊林麗，《清代臺灣道、臺灣道臺與臺灣社會》（北京：社會科學文獻出版社，2015），頁 343-346。

桅杆計算，只要繳費，洋船便能在未開港的情況下來臺貿易，而自裕鐸任臺灣道開始，船桅稅便為臺灣道所有。[43] 代表朝廷來臺的福建候補道兼通商委員區天民，其目的是為了在臺灣設置新式海關，一旦設置海關，洋船稅收便須按規定委由洋人稅務司徵收，如此，便不會再落入臺灣道的口袋裡。此舉顯然會危害臺灣道的權益，而臺灣道的政治權力據點主要在南臺灣，如此推想，臺灣府三番兩次推託開港之事，與船桅稅的徵收不無關聯。

前面所談淡水開港的過程中，區天民的態度便可以解釋船桅稅與開港之間的衝突關係。柏卓枝指控區天民延宕開港，只專心於他的船隻抽稅計畫，很顯然，儘管區天民並非臺灣道，而是剛上任負責淡水開港的官員，但他亦無法放棄船桅稅，更不要談長久以來掌控臺灣港口船桅稅的臺灣道了。而我們確實也能從負責臺灣設關業務的稅務司麥士威（Maxwell, ?-1865）的照會中發現，在打狗開港後，臺灣府沿海的洋商貿易仍未停止，這些洋商藉此逃過打狗海關的課徵，因而使麥士威難以執行稅務。[44] 這顯示新式海關與臺灣道在口岸管理上存在著互相對抗的關係。由此可見，條約口岸的設立，不僅會剝奪臺灣道既有的利益，甚至還會削弱臺灣道對港口的控制力。

再來是臺灣道從鴉片貿易中能獲得之利益。1863 年〈為臺灣通商添設外口征稅請先行試辦恭摺會奏仰祈聖鑒事〉中，美里登指出：

> 以洋藥而言，淡水、雞籠、臺灣府、打狗港四處，每年

43　葉振輝，《清季臺灣開埠之研究》，頁 158-160。

44　"辦理臺灣海口通商稅務稅務司麥照會事"（4 May 1864）In Jardine, Matheson & Co. Archives, Cambridge University Library, JM/H5/17. 本件檔案承蒙中央研究院臺灣史研究所李佩蓁助研究員提供。

進口至少有五、六千箱，即可征稅或十五萬兩，或十八萬
兩，將外國人作稅務司辦理，臺灣新關每年足可收銀三十萬
兩，實是中國大有利益。[45]

這篇奏摺在本章曾作為臺灣四口開港過程的重要史料。正是因為在打
狗的鴉片貿易有龐大的利潤可圖，才會令美里登關注打狗，從而提出
打狗開港的提案。從過去臺灣私開貿易的舊習可以推知，美里登所說
的「洋藥稅」恐怕都落入臺灣道的手中了。這也是為何他特別強調設
置外國人稅務司的重要性。因為洋商貿易必須由新式海關經手，是故
鴉片貿易為臺灣道帶來的利潤也將不復存在。

　　除了上述因掌控港口管理權所帶來的利益外，條約制度對臺灣道
經營的商貿結構，也帶來了巨大的衝擊。據李佩蓁的研究，1867 年
時，英國駐京公使阿禮國（John Rutherford Alcock, 1809-1897）指出
條約口岸的首要問題：任意抽收釐稅、不准英商裝載臺灣米、糖、樟
腦至他處販售。其中樟腦一項，為臺灣道利用軍工匠制度控管，因此
樟腦的貿易權便把持在以臺灣道為首的利益團體中，除此之外尚包含
生產端的軍工匠首，以及購買端的怡和洋行。[46]由於不管是《南京條約》
或是《天津條約》都規定應在條約口岸進行自由貿易，這種壟斷的行
為，在開港通商後無法繼續維持。[47]臺灣道繼續壟斷樟腦貿易的行為

45　閩浙總督左宗棠、福州將軍耆齡、福建巡撫徐宗幹，〈為臺灣通商添設外
　　口征稅請先行試辦恭摺會奏仰祈聖鑒事〉，同治二年八月一日（1863/9/13）
　　（上奏），收於臺灣史料集成編輯委員會編，《明清臺灣檔案彙編》第 65
　　冊，頁 457-459。

46　李佩蓁，〈制度變遷與商業利益——以中英商人在臺灣樟腦貿易的行動為
　　中心（1850-1868）〉，《新史學》，30（1）（2019），頁 1-53。

47　費正清（J. K. Fairbank）著，〈條約體制的建立〉，頁 265、302-309。

便站不住腳了。此外，臺灣在開港前，不論是樟腦、米、糖，臺灣道都可以禁止英商運至他處販賣。一旦變成條約口岸，英商便可利用條約制度作為一個突破口，打破臺灣道為首的專賣制度。所以我們可以把此種遲遲不開臺灣府的行為，看作是臺灣道為了維護其既得利益的舉措，並不單單只是因為收不到船桅稅，而是更多的利益會因為開港通商而不受臺灣道所掌控。

這裡談到的都是臺灣道對臺灣開港的態度，由於與臺灣開港有關的奏摺都是由閩浙總督、福建巡撫和福州將軍所負責，未見臺灣道在列，所以很難說臺灣道的想法與其上司們一致。不過我們還是能從緊密的閩臺關係作一番推論。閩臺兩地之間的貿易往來相當頻繁，尤其以廈門對臺灣為最。據《廈門志》記載：「按廈門商船對渡臺灣鹿耳門向來千餘號……近因臺地物產漸昂，又因五口並行，並以鹿耳門沙線改易，往往商船失利，日漸稀少。至邇年渡臺商船，僅四、五十餘號矣。」[48]《廈門志》成書於 1832 年，即是說，到 19 世紀前期，臺廈之間的貿易仍至少有四、五十艘商船來往，儘管停靠鹿耳門的商船逐漸減少，但《廈門志》提到，因「五口並行」等不利因素，導致鹿耳門未能如過往般門庭若市，因此可以推測減少的船隻只是轉往鹿耳門以外其他四個對渡口岸罷了，兩地之間的貿易往來並未因此減少。

閩臺兩地如此頻繁的貿易往來，可以想見其關稅收入頗豐。清朝關稅可分做「正額」及「盈餘」。正額為一固定稅額，關稅收入超過正額的部分稱為「盈餘」。兩者原則上都是一固定數值，只是清朝統治以來，稅額幾經變化，多半是盈餘數額的異動，而各關又各有不

48　周凱總纂，《廈門志》，頁 171。

同標準。[49]按照 1799 年的稅額規定，閩海關（此時的海關仍為傳統海關，非新式海關）正額為 6 萬 6,549 兩 5 錢 4 分 6 釐，加上 11 萬 3 千兩的盈餘以及 7,000 兩的銅斤水腳銀（水路運費），共 18 萬 6,549 兩餘。光是廈門海關一年便約可徵收 10 萬 5 千兩餘。[50]顯見廈門海關可觀的貿易利潤構成了閩海關大部分的稅收。

廈門海關龐大的貿易利潤中，有相當高比例來自於臺灣。根據村上衛的研究，自 19 世紀以來，臺灣與廈門及其他福建地區之貿易往來相當密切，不管是茶、糖或者米，都是臺灣輸往廈門相當重要的商品。而在臺灣割讓予日本後，臺灣與廈門之間的貿易額相對下降，對廈門的經濟造成不小的打擊。[51]廈門與臺灣之間的貿易雖然沒有帳冊可以知道具體數額，但是從福州將軍文清在戴潮春事件時所呈之奏摺，可推測臺灣與廈門之間貿易的稅額相當高。該奏摺節錄如下：

> 再，查閩海關征收常稅，向來惟廈門一口，額居其半，南臺次之，泉州又次之。該三口進出貨物，多與臺灣地方往來運銷，藉資課賦。現緣臺灣之彰化縣城被會匪攻陷，而臺、鳳、嘉三處又同時竊發，現值糖稅旺盛之時，南臺、廈門、泉州三口與臺灣往來船貨一概停幫，稅課大形短絀。[52]

49　倪玉平，《清代關稅：1644-1911 年》，頁 18-25。

50　周凱總纂，《廈門志》，頁 195。

51　村上衛著，王詩倫譯，《海洋史上的近代中國：福建人的活動與英國、清朝的因應》（海の近代中國：福建人の活動とイギリス・清朝）（北京：社會科學文獻出版社，2016〔2013〕）。頁 377-445。

52　福州將軍文清，〈為奏臺灣會匪滋擾以致常稅益形短絀緣由事（附片）〉，同治一年七月十九日（1862/8/14）（硃批），收於臺灣史料集成編輯委員會編，《明清臺灣檔案彙編》第 65 冊，頁 288-289。

常稅指的是華商貿易的稅款。這顯示出，臺灣與閩省沿岸的貿易往來利潤豐厚，不僅是占閩省稅收數額比例最高之廈門，其他如南臺、泉州等地，都與臺灣往來運銷。由此可見，廈臺兩地貿易往來之頻繁，據此推測閩省稅收泰半來自於閩臺兩地的貿易，其中又以臺灣與廈門兩地貿易為最大宗的稅收來源。

正如緒論中談到的，臺灣在設立條約口岸以前並無海關，來臺貿易產生的關稅自然流入負責徵稅的廈門，最後成為閩海關稅收的一部分。自 1791 年始，閩海關盈餘稅額不必再送至中央，可留用地方，以備兵餉之用。[53] 即是說，閩臺貿易的關稅絕大部分將留在福建省，可見閩臺貿易對福建省的地方財政是一項重要來源。臺灣就是福建省財政的重要支柱。總而言之，臺灣府開港無論是對於臺灣當地的官員也好，又或者是其上級福建省的官員也好，其既有的利益結構顯然首當其衝。

綜合以上討論，儘管在各外語版本的《天津條約》中已點明應開港口為「臺灣府」，並且在 1859 年時清廷也已曾表示臺灣開臺灣府為條約口岸，但從左宗棠與徐宗幹等官員三番兩次上奏臺灣府無法開辦海關，可以推測他們對於臺灣府的開港並不那麼積極。雖然 1864 年〈為臺灣府城未便設立稅口籌議辦理情形恭摺奏祈聖鑒事〉的目的，在於點出臺灣府沿海因淤積嚴重，不便設立稅口，但究竟淤積是否就是不便設立稅口的真正理由，我們不得而知。在此時，打狗儼然成為臺灣府開港的替代方案，如果臺灣府真的能因海口淤淺而不必開港設關，或許打狗會成為整個南臺灣唯一的條約口岸。

53　周凱總纂，《廈門志》，頁 200。

　　最後的結果是，福州將軍英桂（1801-1879）、閩浙總督左宗棠以及福建巡撫徐宗幹向皇帝奏報，打狗在同治三年四月初一日（1864年5月6日）正式開關啟徵，並歸屬在淡水口轄下。[54] 開關啟徵指的是設置海關徵收關稅，這個日期是清政府官員公文書裡所能找到的說法。事實上早在1863年10月，打狗便形同開港。之所以有時間上的區別，係因開港與開關並非一次完成。這個過程有些複雜，我會在下一章更進一步說明。不過不管如何，至少可以確定的是，在1864年打狗已經成為一個富有徵稅功能的正式條約口岸了。

　　雖然無法找到現存打狗開港初期的照片，但仍有不少手繪的打狗港口圖可供我們參考，想像當時開港的景緻。圖4-1為英國自然學者柯林伍德（Cuthbert Collingwood, 1826-1908）隨英國海軍於1866年來臺灣踏查時留下的手繪圖稿。當時的英國領事館還不在今日我們所知的哨船頭，1865年5月，郇和先在港口南岸的旗後租賃了一處中式民房充作辦公室，該地東接德記洋行（Tait & Co's）的倉庫，西臨海關的土地邊界。[55] 而本圖則為柯林伍德於當時的英國領事館繪製之打狗港風景。從圖中可以看見，港邊稀稀落落，並無多少船隻，但打狗港的特性一覽無遺：狹窄的港門、碇泊於外港的大帆船、岸邊幾艘舢舨船。此情此景似乎都顯示，打狗港終究只是作為代替臺灣府開港的口岸，還要許久之後才會發展出繁華的港市貿易。

54　福州將軍英桂、閩浙總督左宗棠、福建巡撫徐宗幹，〈為奏臺灣添設旂後口開關啟征日期事〉，同治三年十二月十七日（1865/1/14）（上奏），收於臺灣史料集成編輯委員會編，《明清臺灣檔案彙編》第67冊，頁25-26。

55　龔李夢哲（David Charles Oakley）著，《臺灣第一領事館：洋人、打狗、英國領事館》，頁34。

圖 4-1　從領事館望見打狗港入口（福爾摩沙西南端）

資料來源：Cuthbert Collingwood 繪於 1866 年，該圖原名 Entrance to harbour, Ta-kan (S.W. Formosa) from the consulate，國立臺灣歷史博物館館藏原圖，登錄號：2010.018.0048.0002。

第四節　小結

　　本章梳理了條約簽訂並落實到地方的過程中產生了哪些差異，以致於原不載於條約的打狗成為條約口岸之一。回顧《天津條約》條文的內容即可知，按照條約最一開始的想法，臺灣若真的要依約開放二口，則最有可能的地點應為淡水及臺灣府。然而最後卻增開了雞籠與打狗兩個不在計畫中的口岸。過去的研究常以總稅務司為核心來談論

條約口岸的開設。[56] 但從前面的討論可知，辦理條約口岸、設置各口岸海關的事務，並非全由總稅務司執行，以臺灣為例，並未見到總稅務司為了辦理海關而來臺灣，相反的，實際在臺灣處理海關事宜的，除了被中央指派來臺的區天民，其餘皆是與臺灣相關的地方官員，以及英國派駐臺灣的外交人員郇和與柏卓枝。

最先在 1859 年要求清政府履行《天津條約》令臺灣開港的美國，最終因未派員來臺商討港口埠址而不了了之。美國的例子顯現出，條約口岸的開辦，儘管是外國人簽訂條約所要求而來的，但實際上的開辦仍端看清政府的意願。一旦美國放棄派員來臺協辦，清政府官員便自然而然地任由提議無疾而終，並不會因簽訂條約便馬上付諸行動。

在北京換約後，英國人總算能要求清政府履行《天津條約》的義務。1861 年，英國人開始敦促清政府開辦臺灣的條約口岸。與美國不同的是，英國在臺灣尚未設有任何一口時，便已派員前來臺灣。此時清政府因恭親王奕訢主政，加上自強運動的展開，在設置條約口岸的態度上有了相當地轉變。伴隨條約口岸設置的新式海關，對清政府而言是一項可行而豐沛的新興財源，臺灣開港的積極性也較 1859 年時有了很大的轉變。

在這樣的背景下，臺灣增開打狗與雞籠兩口。對英國人來說，打狗在開港前本就有走私貿易，已有了商業基礎，加上打狗港的水深利於大型帆船的吃水量需求，因此成為增開口岸的目標之一。而恰巧，左宗棠等人並不希望臺灣府開港，本來不在《天津條約》上的打狗便

---

56 相關研究可參考：費正清（J. K. Fairbank）著，〈條約體制的形成〉，頁302-309；陳詩啟，《中國近代海關史（晚清部分）》，頁 75-97；方德萬（Hans van de Ven）著，《潮來潮去：海關與中國現代性的全球起源》。

因鄰近臺灣府，遂以代替臺灣府開港的名義，成為南臺灣主要的條約口岸。即是說，打狗是否開港，實與臺灣地方官不願開臺灣府的企圖有關。在這段過程中，能窺見中央與地方的一來一往，以及英國外交人員透過新式海關體系介入條約口岸的選址，甚至隱隱有代表新式海關的李鴻章與維護福建地方利益的左宗棠，雙方政治博弈的影子。

綜合以上，我們隱然可見清朝地方層級官員，與有外國人加入的新式海關組織，形成相對的陣營。這兩股勢力在地方官員以左宗棠為首，在海關系統，則以奕訢、李鴻章等人為首，如圖 4-2 所示。透過此圖，可以解釋，清政府在 1861 年後開始面對的，並不只是是否支持洋務的問題。左宗棠等人並未對增開打狗及雞籠表現出強烈的牴觸，反而一再強調臺灣府不便開港，顯現出問題可能在於中央層級政府與地方層級官員的利益衝突。

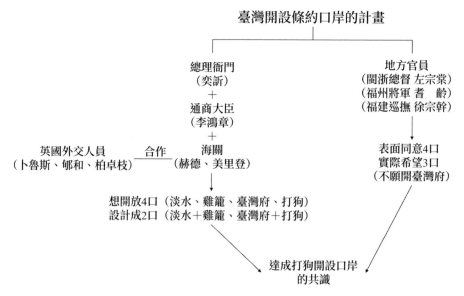

圖 4-2　臺灣增設口岸計畫相關人等關係圖
圖片來源：筆者自繪。

　　經由本章的討論，我們可以知道臺灣四口其實都是收正稅，因此並非子口，而是外口，可以視作淡水與臺灣府這兩個海關的延伸。打狗海關在此時確立了作為臺灣府海關的附屬口岸（dependency）的地位，但就稅收實情來看，臺灣實際上與開四口無異。此時逐漸形成臺灣南北海關的區別，從日後的海關報告即可觀察到此特性，陳計堯 "A Critical Introduction to the Periodical Publications of the Maritime Customs in Southern Taiwan, 1863-95" 一文即提到此種特性：臺灣北部以淡水及雞籠合稱淡水關，南部則為臺灣府及打狗，合稱臺灣關。不過在英文的報告上，直到 1890 年為止，南臺灣的海關報告皆以「Takow」為標題，這顯示當時打狗海關作為南臺灣海關的代表。[57]

　　從《天津條約》簽訂後有關臺灣開港的討論中，我們可以清晰地看見省級地方官員對臺灣府被納入條約體系的抗拒。各種有關臺灣在此前便已私開貿易且獲利甚巨的傳聞，誘使清中央層級政府藉由海關與英國外交官員聯手，促使條約體制落實在臺灣。在這個過程中，由於臺灣府遲遲不願開港，對於南臺灣貿易的渴望導致私開貿易行之有年的打狗浮現，以外口的名義增開。何以地方官員如此抗拒臺灣府的開放，或許要從新式海關的建立，以及隨之而來的關稅收入，此一角度來理解。下一章我要透過打狗海關的建立過程，來探討中央層級政府如何逐步介入臺灣的關稅控制權。

57　Kai Yiu Chan(陳計堯), "A Critical Introduction to the Periodical Publications of the Maritime Customs in Southern Taiwan, 1863-95." pp. 59-60.

第五章　打狗海關的開設過程

　　臺灣海關的開設在臺灣史上的意義，並不僅止於進出口貿易的數字增長，更重要的是，這是臺灣關稅制度史上一大重要變革。過去針對臺灣海關的研究多集中在對商貿與經濟結構的影響，例如林滿紅《茶、糖、樟腦業與臺灣之社會經濟變遷（1860-1895）》，便凸顯了開港對臺灣的影響甚巨。[1] 但從制度史的角度進行討論，我們更可以發現，臺灣成為條約制度的一員，並且設立新式海關，是臺灣進入新時代的起點。

　　臺灣正式開關啟徵，始於條約體制落實，打狗即是在這樣的背景下開港，並且開關。第四章已經討論過打狗是在英國外交官員、清中央層級政府與地方層級官員不同的考量下，陰錯陽差所開放。英國外交官員旨在尋求一個方便停泊的港口，並且延續開港前既有的商貿活動；清朝中央層級政府則希望透過開設條約口岸，增加關稅收入；而地方層級政府則想藉由開放打狗，打消眾人開放臺灣府的念頭。然而，僅僅開港，打狗還稱不上是一個合格的條約口岸。打狗除了開港，還必須設置新式海關。打狗海關在此背景下設置，其過程不但迂迴，還促使南臺灣形成了名義上雖以臺灣府為首，但實際上海關的主要配置都設在打狗的奇怪現象。

　　打狗海關設置完畢後，打狗便成為名符其實的條約口岸。從打狗開港的提出到打狗實際開港，並正式開關徵稅，期間相距約兩年，是一複雜而曲折的過程，這是由於打狗開港並未同時開關所致。本章便是要釐清這個過程，並討論打狗開設海關各個階段所遭致的問題。

1　林滿紅，《茶、糖、樟腦業與臺灣之社會經濟變遷（1860-1895）》。

第一節　沒有稅務司的條約口岸

一、打狗開港時間與口岸定位

在緒論已提過，本書將開港及開關視為不同的港埠狀態，原因就在於打狗開港後並未馬上設置海關。今日諸多研究，對打狗開港的時間眾說紛紜，也是由於開港與開關不分所致。

總稅務司赫德的工作紀錄可以讓我們對臺灣的開關業務有些初步的了解：

> 福爾摩沙在同一年〔指 1863 年〕設立了辦事處（office）—— 5 月時設在淡水，同時在雞籠設立辦事處分部（branch office），在同年稍後的打狗也設立了辦事處——儘管不久之前〔指書寫備忘錄時的不久之前，赫德於 1864 年 11 月書寫此份備忘錄〕打狗的辦事處才真正開始收稅（collect duties）。最高負責官員為道臺（Taoutae），這個福爾摩沙的特殊職位（exceptional position）為他獲得了某些額外收入（perquisites），然而作為海關監督時（Superintendent of Customs），這些額外收入將會與其正當執行職務權責（proper performance of his work）時產生衝突；現任道臺（incumbent）已造成了許多困難，但是島上已經開放貿易的地點〔指淡水、雞籠、打狗〕現可視為狀態穩定。[2]

2　Robert Hart, "Hart's Memorandum of November 1864 on the Foreign Customs Establishments in China." 收於吳松弟編，《美國哈佛大學圖書館藏未刊中國舊海關史料（1860-1949）》第 250 冊，頁 177-182。

從赫德的說法，我們至少可以發現兩個不同的時間點，分別是 1863
年 5 月以後設立海關辦事處，以及 1864 年 11 月以前正式啟用海關徵
稅，存有一年以上的間隔。根據這段備忘錄，我們可明確地將 1863
年視為打狗「開港」，亦即打狗正式為海關宣告作為條約口岸開放外
國人前來貿易；而 1864 年海關正式開始執行稅務，則視為打狗的「開
關」。

　　從備忘錄的內容，我們也能解釋雞籠和打狗的不同。雖然雞籠
與打狗同是不在條約內文的條約口岸，但赫德的備忘錄指出，在雞籠
開辦的是「辦事處分部」，至少還能看出它與淡水的從屬關係；但同
樣被定位為附屬港的打狗，開辦的則是「辦事處」而不是「辦事處分
部」。光從這一點來看，便能品出這兩個附屬港的不同。雞籠是毫無
疑問的附屬港，而打狗顯然是虛有其名的附屬港。

　　書寫於 1867 年的〈1866 年打狗海關報告〉（Report on the Trade
at the Port of Takow, ─Formosa, For the Year 1866），可以提供南臺灣
開港更進一步的資訊：

　　　　它〔指打狗〕依據〈暫時章程〉（Provisional Regulation）
　　　於 1863 年 10 月 26 日以臺灣府附屬港（dependency）的名義
　　　開放對外貿易，而臺灣府（Taiwan-fu）直到 1865 年 1 月 1 日
　　　以前都維持關閉狀態（remained closed）。[3]

3　"Report on the Trade at the Port of Takow, ─Formosa, For the Year 1866." 收於
　　吳松弟編，《美國哈佛大學圖書館藏未刊中國舊海關史料（1860-1949）》第
　　173 冊，頁 471。

由此可知，海關認定打狗港開放的時間點為 1863 年 10 月 26 日（同治二年九月十四日），此即前述赫德備忘錄所提打狗設立海關辦事處的確切時間，並且在這個時間點後正式開放對外貿易。因此，1863 年 10 月 26 日即為打狗開港之日期。

海關將打狗定位為「臺灣府附屬港」，並稱臺灣府「維持關閉狀態直到 1865 年 1 月 1 日」，這樣的書寫方式著實耐人尋味。比起維持關閉狀態這樣拗口的說法，為何不像敘述打狗開港的方式那樣平鋪直述地說臺灣府將於 1865 年 1 月 1 日開港呢？更何況，臺灣府開港的日期為西曆一年的開始，相較於打狗開港的 1863 年 10 月 26 日，1865 年 1 月 1 日顯為刻意挑選的日子。此舉隱隱透露，在海關的想法中，臺灣府最終都是要開港的，海關在打狗開港時，便已著手籌備臺灣府的開港。我們可將此理解為，海關確實按照 1863 年的臺灣增設口岸計畫（即第四章中總理衙門增開雞籠與打狗為外口的計畫），著手執行開港事務，如此一來，臺灣總共應開淡水、雞籠、臺灣府以及打狗四口。然而海關在實際執行計畫時，受到重重阻撓，因此在無計可施的情況下，藉由率先開放打狗港，來管理南臺灣的外國人貿易，臺灣府的開港則徐徐圖之。

而〈1866 年打狗海關報告〉之所以強調臺灣府「維持關閉狀態直到 1865 年 1 月 1 日」，就是想表現臺灣府並不是沒有開港，而是已經開港但維持關閉狀態，由此展現作為附屬港的打狗，並不會早於正港的開設。這裡所提「附屬港」的概念，相當於在第四章討論的外口或子口的概念，只是在英文語境中常用 dependency 表示港口階層中為從屬地位者。總之，不論打狗是外口或子口，相較臺灣府的「正」，打狗只能是「副」。儘管海關這種寫法頗有種精神勝利的意

味，但從海關的立場來說，臺灣府是條約明訂的條約口岸，自條約生效後，臺灣府理當開港，只不過海關尚無能力使它真的開港。無論海關是否真的有實際權利介入臺灣府的港口貿易，他們都必須強調，臺灣府並非沒有開港，只是還沒開放而已。

二、開港後、開關前打狗港的管理辦法

前面提到，赫德稱 1863 年 5 月後，打狗設置了海關辦事處，現在我們可以據以推斷，他所指的辦事處應該設立於 1863 年 10 月 26 日。然而，這個海關辦事處究竟有多大的作用，從史料中實在無法窺知，甚至打狗是否具體設置了辦公室以及派駐辦事人員，都令人懷疑。因為根據赫德的說法，辦事處一直到 1864 年 11 月前才開始實際執行稅務，如此一來，自設立海關辦事處到實際徵稅這段空窗期，如果無法徵稅便無法達到設置海關的最終目的，則海關辦事處的實際效用如何便有待商榷，而這段空窗期便形成打狗開港但尚未開關的微妙狀態。

要了解開港後、開關前打狗港的港埠狀態，我們可以由前述的〈暫時章程〉推論，當時打狗港的狀態其實與開港前的商貿方式差距不大。目前可以找到的〈暫時章程〉為留存在英國國家檔案館外交部檔案（FO 228）的版本，全文由英文書寫，角落署有福州稅務司美里登的簽名，但不具發布時間。根據內文判斷，該章程是針對雞籠以及打狗口岸開放所發布的關稅章程，雖然不確定確切的發布日期，但如果是為了規範雞籠和打狗的貿易，那麼最遲應於 1863 年 10 月 26 日打狗開港前發布，如此方能在打狗開港時援引。

〈暫時章程〉為本節討論打狗在開港後、開關前港埠狀態之重

心，值得翻譯並全引如下：

打狗港在下述情況下，視作臺灣府的附屬港（dependency）：

I. 直到臺灣府的海關正式建立之前，對停泊臺灣府及打狗的船隻所徵收的海關稅額，由福州代為徵收。除了被設為條約口岸的臺灣府及淡水，外國船隻在福爾摩沙只能停在這兩個口岸〔指打狗和雞籠〕。

II. 福州海關當局將發給通行證（pass）予獲其許可的船隻至打狗及臺灣府貿易，每年由船主或其代理人支付保證金（bond）一萬兩換照一次，或者也可以選擇以現金支付同等價格予海關當局。

III. 任何不具該通行證進入臺灣〔Tai-wan，因與打狗並列，此處應是指臺灣府〕及打狗的船隻（除了迫於天候不佳而來者），或者任何船隻停泊在福爾摩沙上述特定口岸〔指雞籠、淡水、臺灣府、打狗四口〕以外的港口，則可充公。

IV. 所有配有上述通行證的船隻，並在北部的中國口岸（Northern Chinese port）有開放貿易的港口結關者〔此處應是指淡水及雞籠兩口〕，將必須至淡水遞交艙單（Manifest）的抄本並向海關繳納進口關稅。所有前往打狗或臺灣府，因而在香港、汕頭或廈門結關者，必須向福州海關遞交艙單抄本並繳納進口關稅。自打狗或臺灣運輸貨物的船隻，其出口關稅將由中國海關徵收，如果在

香港結關，出口關稅必須至福州海關繳納，透過代理人（Agent），他同時也必須遞交該船出口貨物的艙單。

V. 為了使地方上的中國海關得以協助福州和淡水海關查明進出打狗或臺灣府港口的貨物，船長（Masters）必須在抵達打狗後的48小時內，繳交他們的進口艙單予在臺灣府的中國海關，但不必再繳納第二次的關稅給地方的海關。

VI. 任何未依規定在福州申報或未在期限內繳清關稅者，海關有權逮捕該船或沒收其保證金。[4]

從〈暫時章程〉的內容來看，1863年10月26日後來打狗貿易者，必須獲得福州海關當局發給的通行證，並在福州海關繳納關稅，其他有關海關應辦理之事也一律由福州海關代勞。打狗並不具備獨立辦理稅務的能力。據此推測，此時打狗海關尚未設立，也尚未派遣外國人稅務司主持稅務，僅只是正式開放外國人貿易，即打狗此時正式開港，但未開關。這也透露，赫德所說的海關辦事處，此時可能僅在籌備階段，仍無太大作用。

從〈暫時章程〉中可知，打狗在條約體系中的設計，幾乎由美里登一手包辦。這似乎可以解釋為何按照〈暫時章程〉的設計，打狗仍由福州海關管理。其實臺灣與福建省連結最深的地區應為廈門，不論是貿易往來，甚至是行政規劃上，相比福州，廈門無疑與臺灣連結更深。舉例來說，臺灣道長期作為臺灣最高的行政長官，此職銜歷經數

4　"Swinhoe to Wade, Takow." (1 May 1864) FO 228 / 397, p. 212.

次轉變，但初始時的規劃為「臺廈兵備道」。[5] 這顯示清政府在規劃管理職時，是將臺灣與廈門一併考量的。此外也有不少研究顯示臺灣與廈門之間商貿往來之頻繁。[6] 儘管廈門亦設有新式海關且早於臺灣的任何一個條約口岸，但打狗仍被劃入了福州海關的管轄範圍下。由此推論，應與美里登不無關聯。

美里登試圖將打狗這個不上不下的口岸，盡可能地納入新式海關的體系之中，並安置在自己管理的福州海關轄下。他明白打狗這裡並未有完整的海關機構，即便有貿易稅收，也無法控管，如此便不能達到中央層級政府藉由海關徵收地方關稅的目的。於是他採用類似對渡口岸的管理辦法，仍令打狗港無法獨立完成稅收作業，只不過以前是由廈門負責，現改由福州海關徵收關稅。與過去的貿易方式稍有不同的是，此時至打狗貿易的船隻，除了至福州辦理稅務外，亦可至淡水辦理，因淡水在 1862 年 7 月 18 日（同治元年六月二十二日）已開關徵稅，並在 1863 年 5 月設置新式海關，設有海關洋員主持稅務，因此已在新式海關的管理之下，可獨立執行海關稅務。這些規定，在在顯示海關體系正試圖以同淡水海關一樣的方式管理打狗，只是打狗本地並無海關，因此不得不利用淡水海關或福州海關辦理稅務。

然而，美里登的做法真的有效嗎？我們無法肯定商船是否真照〈暫時章程〉的規定，至福州或淡水的海關納稅。畢竟商船運載貨物後，必須繞行至福州或淡水的海關繳納關稅，這種做法於實務上不如

5　張舜華，〈臺灣官制中「道」的研究〉，頁 25-46。

6　相關研究可參考：村上衛著，王詩倫譯，《海洋史上的近代中國：福建人的活動與英國、清朝的因應》；陳計堯，〈「條約港制度」下南臺灣與廈門的商品貿易與白銀流動（1863 到 1895 年）〉，《歷史臺灣——國立臺灣歷史博物館館刊》，7（2014），頁 5-36。

過去在打狗徵收船桅稅的方式便捷。在海關派遣稅務司來南臺灣主持
關務前，打狗很有可能仍然以徵收船桅稅的模式進行對外貿易。然而
這裡並沒有太多資料可供驗證，僅能就現有資料推測。

　　從 1864 年初左宗棠等人的奏摺可以推測，〈暫時章程〉並沒有發
揮美里登原先預期的效果。雖然不能得知為何海關不在打狗開港時便
派遣稅務司辦理稅務，但從 1864 年初閩浙總督左宗棠及福建巡撫徐
宗幹的奏摺中，我們已可感受到前一年開設的打狗海關辦公室，作用
甚微。左宗棠等人的奏摺節錄如下：

> 　　竊臣等准總理各國事務衙門咨，據福州關稅務司美理登
> 申請以臺灣府、打狗港、雞籠口三處添設正口、子口，設立
> 司稅經理……茲據署臺灣道陳懋烈、署臺灣府知府葉宗元會
> 同通商委員延平府知府補用道馬樞輝會稟……十一年六月英
> 國領事官郇和到臺，因鹿耳門外水淺潮大，不能停泊，由打
> 狗港登岸晉郡，察看臺灣府城海口淤滯，船隻不能收泊，難
> 作通商碼頭……茲美理登擬在府城添設正口，不至鹿耳門
> 口，本地商船尚不能出入，洋船焉能進泊；若洋船有在鹿耳
> 外奇【寄】椗，不免偷漏情事，則打狗港相距水程不遠，似
> 可責成該處委員派撥巡船認真巡查，或押令徑赴打狗港即旂
> 後港船【盤】驗，並移行文武汛口，暨出示曉諭內地商民，
> 不准與鹿耳門外奇【寄】椗洋船勾通貿易，其弊可絕，不必
> 在府城設口也。[7]

7　閩浙總督左宗棠、福建巡撫徐宗幹，〈為奏臺灣府城未便設立稅口籌議辦
　　理情形事〉，同治二年十二月二十一日（1864/1/29）（上奏），收於臺灣史
　　料集成編輯委員會編，《明清臺灣檔案彙編》第 66 冊，頁 118-120。引文

從奏摺可知，美里登申請令臺灣府、雞籠、打狗開港通商，而被交付辦理這件事情的臺灣地方相關官員有署臺灣道陳懋烈（生卒年不詳）、署臺灣府知府葉宗元（1820-1870），以及通商委員延平府知府補用道馬樞輝（生卒年不詳）。馬樞輝的身分，相當於先前負責淡水開港工作的區天民所擔任的職位。有關通商委員這一職務在本章後續會有更深入的討論，在這裡只須先留意通商委員難以插手臺灣府開港事務。第四章曾提到，同為通商委員的區天民只能管理淡水港，無法涉足臺灣府開港事務的前情，據此推測馬樞輝或許在臺灣府開港的事情上，也無法干涉太多。總而言之，根據這幾位臺灣地方官的說法，在實際勘查後發現臺灣府因淤積不適合作為條約口岸，因此向上司左宗棠等人提議，以開打狗管理南臺灣洋船貿易作為替代方案。

雖然前面已多次提到，1863 年 10 月 26 日是海關認定打狗開港的日期，但是這篇書於 1864 年的奏摺後續卻提到：

> 惟雞籠頭與旂後港既有洋船停泊，應一律添設子口，均歸滬尾正口管轄。至稅務司所擬章程，應俟試辦之後，隨時察看，同應需經費另行會議稟辦。等情。由省局司道核詳，請奏前來。

> 臣等伏查臺灣海口既經查明淤淺，應請毋庸設口，現在淡水廳轄之雞籠一口已據具報於同治二年八月十九日開關啟徵，作為滬尾外口；其鳳山所屬之打狗港即旂後一口，應遵照總理各國事務衙門原咨一併作為外口，徵收洋商進出口正稅並復進口半稅，統歸淡水滬尾正口管轄。惟旂後港相距滬

中的【】表示說明，文字為編輯者註記修正，此後亦同，不再贅述。

尾較遠，仍由臺灣道、府會同辦理通商委員查勘，在於旂後
酌設員役稽徵，所收稅銀，就近解存府庫，歸滬尾造報。[8]

由上述內容僅能肯定雞籠已開關起徵，而打狗似乎尚處在擬定管理
辦法的階段，並不像是制度已經上軌道的樣子。而且從左宗棠等人對
打狗的規劃來看，完全無美里登規劃的〈暫時章程〉的影子。據此推
論，此時的打狗港恐怕仍然處在混亂的過渡期，可以合理懷疑，打狗
的海關辦公室效用甚微。

　光是堅持臺灣府無需開放洋船貿易，便與美里登的規劃背道而
馳。按照左宗棠等人的構想，臺灣府無庸設口，既不設口，則打狗海
關原先預定的上級機關就此空缺，因此欲將打狗海關歸在淡水海關
轄下，作為淡水的外口。然而事實上，淡水海關並不能真的管理到
打狗海關，所以左宗棠等人又說：「惟旂後港相距滬尾較遠，仍由臺
灣道、府會同辦理通商委員查勘，在於旂後酌設員役稽徵，」並且，
「所收稅銀，就近解存府庫，歸滬尾造報。」[9]按照1863年時總理衙門
欲將打狗設為臺灣府外口的構想，打狗海關作為外口，其所徵稅額本
應由正口臺灣府造報。然而現在臺灣府「不便」開港，據常理推斷，
應由當時唯一的正口淡水造報，並由淡水保管這筆稅額，而且在〈暫
時章程〉中，美里登亦是規劃只要臺灣府尚未完成條約口岸的設置，
打狗貿易的稅收便由淡水海關或者福州海關所收。或許在打狗正式設

8　閩浙總督左宗棠、福建巡撫徐宗幹，〈為奏臺灣府城未便設立稅口籌議辦
　　理情形事〉，同治二年十二月二十一日（1864/1/29）（上奏），收於臺灣史
　　料集成編輯委員會編，《明清臺灣檔案彙編》第66冊，頁118-120。
9　閩浙總督左宗棠、福建巡撫徐宗幹，〈為奏臺灣府城未便設立稅口籌議辦
　　理情形事〉，同治二年十二月二十一日（1864/1/29）（上奏），收於臺灣史
　　料集成編輯委員會編，《明清臺灣檔案彙編》第66冊，頁118-120。

置海關後可以獨立辦理稅務，便不需再遵行〈暫時章程〉的做法，但是左宗棠等人很顯然是想將北部的海關與南部的海關管理辦法區隔開來。在左宗棠等官員的設計下，打狗港的關稅雖仍由淡水記錄稅額，但稅收款項實際上存放於臺灣府。即是說，在臺灣府的官員有很高機會插手打狗港的關稅，並令其與淡水的管轄脫鉤。

1863 年 10 月 26 日開港到 1864 年 5 月 6 日海關洋員麥士威至打狗開辦海關之間，負責管理打狗港貿易的人極有可能是臺灣道。在採用新式海關制度前，清朝管理海關的官員為海關監督。海關監督多由其他官職兼任，最常見的是道員兼任。[10] 儘管臺灣過去向無海關，口岸本由兼管閩海關的福州將軍管理，但由於一海之隔，常有委託在地官員就近辦理的慣例，因此推論在區天民、馬樞輝等通商委員的勢力無法擴及南臺灣的情況下，由臺灣道負責打狗港實屬合理。這也是兩江總督何桂清，為何在辦理臺灣開港的人選上提到臺灣道的原因。[11]

或許美里登很快便意識到〈暫時章程〉的瑕疵，因為 1864 年中海關便指派了麥士威來打狗主持海關關務。而在 1864 年 8 月 1 日麥士威便發布了打狗正式的〈海關章程〉，自此也就取代了〈暫時章程〉。[12] 據上述討論可推測，〈暫時章程〉大約自 1863 年 10 月 26 日實施，最遲到 1864 年 8 月 1 日結束。而這十個月，打狗港的貿易極有可能並未依〈暫時章程〉進行，並且因海關並未派遣稅務司管理打狗海關，因此港口事務一應仍歸臺灣道管轄。同時在沒有稅務司主持打

10　任智勇，《晚清海關再研究：以二元體制為中心》，頁 97-98。

11　〔一七七〇〕何桂清，〈何桂清奏預備潮臺開市情形摺〉，賈楨編，《籌辦夷務始末（咸豐朝）》卷 45，咸豐九年十一月十一日（1859/12/4）（硃批），收於中華書局編輯，《籌辦夷務始末（咸豐朝）》第 5 冊，頁 1700-1701。

12　"Swinhoe to Wade, Takow." (1 Aug. 1864) FO 228 / 374, p. 121.

狗海關辦事處的情況下，打狗實際上的關稅流向和金額數目，可以說相當曖昧不清。

第二節　姍姍來遲的麥士威與臺灣道的港口爭奪戰

一、打狗海關的開關日期

　　經過前一節的討論，我們可以知道赫德宣稱 1863 年在打狗設置的海關辦事處，其實沒有太大的作用。根據他的說法，1864 年 11 月前不久，該辦事處才真正開始執行稅務。至於該日之確切日期，必須要從其他史料才能更進一步推斷。

　　根據左宗棠等人上奏〈為奏臺灣添設旂後口開關啟征日期事〉，我們可知 1864 年 5 月 6 日（同治三年四月初一日）乃打狗正式開關啟徵的日期。[13] 據此可知，打狗的海關辦事處自是日起才實際開始運作。這也是何以有些研究會稱打狗在 1864 年開港的原因，過去的研究並未特別究明「開港」與「開關」之間的差別，因此將二者視為同一件事，才會產生打狗在 1863 年以及 1864 年開港這兩種說法。實際上，1864 年 5 月 6 日為「開關啟徵」之日，即是說設置海關徵收關稅的起始日，因此應為「開關之日」，而非「開港之日」。

　　1864 年 5 月 6 日作為開關日，與英國人麥士威來到打狗開辦海關有關。麥士威與臺灣全島海關的開設有重大關聯，他在 1863 年進入大清海關服務便擔任淡水的代理稅務司，並於 1865 年擔任臺灣

13　福州將軍英桂、閩浙總督左宗棠、福建巡撫徐宗幹，〈為奏臺灣添設旂後口開關啟征日期事〉，同治三年十二月十七日（1865/1/14）（上奏），收於臺灣史料集成編輯委員會編，《明清臺灣檔案彙編》第 67 冊，頁 25-26。

關的稅務司。[14] 據葉振輝的研究，麥士威在 1863 年 10 月 1 日出任淡水稅務司，該日雞籠海關亦宣告設立，是外國人管理臺灣海關之始。[15] 雖然他的說法與前面赫德指稱 1863 年 5 月在淡水及雞籠開辦海關辦事處有些微出入，但可以確定的是 1863 年下半年，臺灣才正式建立新式海關系統，北臺灣的海關開設都由麥士威主持。我另外在海關季報附錄的人事調動紀錄發現，1865 年 3 月 31 日，原為福爾摩沙關（Formosa）二等幫辦的麥士威被任命為稅務司並派駐臺灣關（Taiwan），同時原本擔任福爾摩沙關三等幫辦的好為爾（J. H. Howell，生卒年不詳）被指派管理淡水關（Tamsui）。[16] 顯然在 1865 年以前，臺灣僅有的福爾摩沙關指的就是淡水關，而在麥士威離開淡水關後，便由次他一等的好為爾接替淡水關的主持工作。

不過除了海關報告以外，美國記者禮密臣（又名達飛聲，James W. Davidson, 1872-1933）的著作《福爾摩沙島的過去與現在》（*The Island of Formosa; Past and Present; History, People, Resources and commercial Prospects*）對麥士威及打狗開關也有記錄。他指出麥士威在 1864 年 5 月 5 日開辦打狗關，並擔任第一任打狗稅務司。[17] 儘管和

---

14 中央研究院近代史研究所，〈麥士威〉，《近現代人物資訊整合系統》。資料檢索日期：2020 年 7 月 23 日。網址：http://mhdb.mh.sinica.edu.tw/mhpeople/result.php?peopleId=ayzkncvvfvfvnzi#0。

15 葉振輝，《清季臺灣開埠之研究》，頁 162。

16 "Customs Gazette Appendices." 收於吳松弟編，《美國美國哈佛大學圖書館藏未刊中國舊海關史料（1860-1949）》第 41 冊，頁 590。

17 達飛聲（James W. Davidson）著，陳政三譯註，《福爾摩沙島的過去與現在（上）》（*The Island of Formosa, Past and Present: History, People, Resources and Commercial Prospects*）（臺南：國立臺灣歷史博物館；臺北：南天書局有限公司，2014〔1903〕），頁 215。麥士威一開始的職稱應為二等幫辦代理稅務司，根據〈1866 年海關公報〉所發布的海關人事異動命令，1865

海關的人事調動紀錄有所出入，但禮密臣的說法，卻恰好與左宗棠等人奏報打狗開關的日期（1864 年 5 月 6 日）不謀而合。由此推論，禮密臣的說法有一定的可信度。麥士威很可能為了實務需要，在總稅務司署正式下達人事調度指令前，已動身前往打狗。如果禮密臣的說法屬實，則由外國人建立的打狗海關應當在 1864 年 5 月 5 日或 5 月 6 日開辦。因左宗棠奏報朝廷開關日期乃由奏摺正式記載在案，故本書據以 1864 年 5 月 6 日為開關日。

二、打狗海關的管理者

在 1864 年 5 月 6 日以後，麥士威開辦打狗海關。此時的打狗海關，理論上應該要逐漸轉變為由外國人稅務司主持稅務工作，並受兼任海關監督的華人官員監督。不過根據麥士威發給臺灣道的公文判斷，麥士威在打狗初期的工作應不甚順利。有證據顯示這是因為臺灣府的官員並不配合僅有條約口岸能夠與洋商往來的規定，仍讓洋商停靠臺灣府沿海，進行貿易。麥士威曾為此照會臺灣道丁曰健（生卒年不詳）及臺灣知府陳懋烈，以下為照會內容：

> 辦理臺灣海口通商稅務稅務司麥為照會事。照得鹿耳門口既經貴府出示不准各洋商在該口貿易，打狗口稅課自應日漸增加。乃查該口雖經示禁之後，各洋商船仍有十餘隻前赴

年 3 月時，麥士威方才正式升為臺灣關稅務司。參閱 "Customs Gazette Appendices." 收於吳松弟編，《美國美國哈佛大學圖書館藏未刊中國舊海關史料（1860-1949）》第 41 冊，頁 590。達飛聲即禮密臣，陳政三翻譯時選擇以達飛聲表示 Davidson 之中文名稱，但考量到 Davidson 在臺灣活動時較廣為人知的名字是禮密臣，因此本書皆以禮密臣表示 Davidson，之後亦同，不再贅述。

起卸貨物，更有各商竟將貨物由郡旱路運至打狗，似此禁示之謂何□，總以不□，該口設關，借名掩飾而已。如此辦公，殊不可解。除照會臺灣道查照外，合就照會貴府請煩查照須至照會者。

右照會移加道銜臺灣府正堂陳　同治三年三月廿九日
〔1864/5/4〕[18]

雖然這篇照會的時間點為 1864 年 5 月 4 日，早於打狗正式宣告開關兩日，但我們可將這篇照會內容，視為麥士威即將開始執行打狗海關稅務時，臺灣府的地方官對他帶來打擊的證據。

從前面我們早已看到臺灣地方官員如何三番兩次推託不願臺灣府開港設關，一下子是因為打仗，一下子又說是淤積，看上去似乎一點也不希望外國人來貿易。但是實際上，臺灣府卻仍私開洋商貿易，他們不僅在臺灣府沿海做貿易，還讓那些洋商將貨物運上岸，再走陸路送至打狗，完全規避了打狗海關，讓打狗海關抽不到稅金。麥士威的照會用辭嚴厲，甚至指控臺灣府不願開港設關卻又私開洋商貿易，根本借名掩飾，這種做法令人難以理解。事實上，陳懋烈甚至曾在 1864 年 10 月對怡和洋行的莫里森船長（Alexander Morrison，生卒年不詳）表示：「關稅都在我的掌控之下（sole control）。」[19] 他的這番發

18　" 辦理臺灣海口通商稅務稅務司麥照會事 "（4 May 1864）In Jardine, Matheson & Co. Archives, Cambridge University Library, JM/H5/17. 文中無法辨識之文字以□表示。

19　"Alexander Morrison to James Whittall, Takow (27 Oct. 1864)." In Jardine, Matheson & Co. Archives, Cambridge University Library, MS JM/B3/3/7. 本件檔案承蒙中央研究院近代史研究所朱瑪瓏副研究員提供。

言不禁令人困惑，麥士威和打狗海關究竟是否發揮效用？

　　要細究麥士威與臺灣地方官員之間對港口貿易掌控權的爭奪戰是如何發生的，首先要了解打狗港貿易的稅務由誰管理。臺灣口岸傳統上分文、武口，文口由文官負責，武口由武官負責，較重要的口岸可能兩者兼有，例如長期作為正口的鹿耳門，文口最上級的管理官員為臺灣道，船隻入港，文、武口稽查時都會徵收規費，為負責管理口岸者的收入。[20] 但是在條約口岸設置後，這種管理船隻的辦法顯然無法繼續沿用，洋船貿易自應當按條約規定進行，並且由海關管理。因此，麥士威作為海關體系的代表，進入南臺灣的口岸貿易，無疑是和臺灣道等傳統管理臺灣口岸的官員站在對立面。

　　不過，海關之中也並不完全只有外國人參與，尚有在我們前述的討論中，曾出現過「通商委員」此一職務。例如前面談到負責淡水開港的區天民，以及後來至打狗與臺灣道、臺灣知府一同協商開港設關事宜的馬樞輝，便擔任這項職務。通商委員通常是由既有的官員兼任。例如：佐領劉青藜（生卒年不詳）於 1866 年 1 月 17 日至 2 月 14 日間派赴臺灣、打狗口，專駐辦理中外交涉事件；僅先補用府經歷孫綽（生卒年不詳），委赴打狗口，會同領事稅司籌辦開口事宜，並負責打狗稅務；總書李彤恩（生卒年不詳），於 1861 年間到臺，隨同通商道員區天民至淡水各口開辦設關收稅事宜、籌議章程，之後又馳赴打狗口隨同設關核算稅則。[21] 區天民來臺灣時官銜為福建候補道，

20　林玉茹，《清代臺灣港口的空間結構》，頁 147-157；許毓良，《清代臺灣的海防》，頁 47-57、122-134。

21　福州將軍兼署閩浙總督英桂、福建巡撫李福泰，〈為閩省臺灣口岸辦理通商出力人員懇恩分別獎敘以示激勸恭摺具奏仰祈聖鑒事〉，同治六年九月六日（1867/10/3）（硃批），收於臺灣史料集成編輯委員會編，《明清臺灣

負責打狗開港設關工作的通商委員馬樞輝，其官銜也不過是延平府知府補用道。這些官員的位階甚低，有些人甚至是作為區天民副手之用，既然連區天民都無法干涉南臺灣的條約口岸，那麼這些華人官員作為海關體系的基層，自然無力對抗臺灣道。

綜合前述討論，恰好可以解釋打狗海關報告的缺漏問題。目前我所能找到最早的打狗海關報告，為 1866 年書寫之〈1865 年打狗海關報告〉。負責編寫該報告的暫行代理稅務司費世（Henry James Fischer，生卒年不詳）開宗明義便提到，他在 1865 年的 5 月才抵達打狗海關，是故前半年的貿易狀況只能參考相關帳冊。[22] 費世能參考什麼相關帳冊呢？假使在他到任之前打狗已建立健全的海關報告體制，他只需按照前手留下的紀錄繼續編寫即可，無需刻意在報告中向赫德解釋他無法掌握 1865 前半年貿易狀況的原因。加上前面曾提到麥士威向臺灣道抗議臺灣府私下開放洋船貿易損害打狗海關稅收利益，可以推測他能參考的帳冊大概無法完整呈現打狗海關的貿易狀況。即是說，這份〈1865 年打狗海關報告〉極有可能是打狗海關的第一份年度海關報告。此情形間接證明，即使麥士威已宣告打狗海關開關，但是在 1865 年中以前，他幾乎無法掌控南臺灣的關稅，這可能是與臺灣府有關之官員不願配合之故，下一節將繼續說明麥士威如何遭到這些官員的阻撓。

檔案彙編》第 68 冊，頁 303-304。

22　Henry James Fisher, "Report on the Trade at the Port of Takow, —Formosa, For theYear 1865." 收於吳松弟編，《美國哈佛大學圖書館藏未刊中國舊海關史料（1860-1949）》第 172 冊，頁 361-363。

第三節　臺灣關的形成

一、最後開辦的臺灣條約口岸

按照海關的臺灣開港計畫，全臺預計共開四口，在 1864 年 5 月 6 日打狗開港設關後，就僅剩下臺灣府仍未開港了。

儘管打狗已正式開設海關並實際執行稅務工作，但「名義上」的正口遲遲未能開放。究其原因，乃是臺灣道不願開放之故。這種強硬的態度直到 1864 年 10 月 14 日，仍可在赫德的日記中看見：「美里登來長函，有關臺灣和……，船隻現在臺灣府裝貨，但是道臺反對在那裡開設海關。」[23] 三十年後，這件事情在臺灣巡撫兼管海關邵友濂（1840-1901）的奏摺裡寫成：「臺南打狗口添設海關，同治三年間〔1864〕，派駐稅務司，委員徵收洋稅，並准輪船於安平口起卸，貨物仍歸打狗完稅領單。嗣因安平口泊船較多，又經稅務司議准，分徵稅項各在案。」[24] 儘管根據邵友濂的描述，已無法看出臺灣府開設海關時所受到的重重阻撓，但我們仍能從其說法中察覺，在臺灣府（也就是邵友濂所稱之臺南安平）設海關前，該處僅能起卸貨物，如果要辦理貿易的稅務，須至打狗處理。因此當時南臺灣最具完善規模的條約口岸為打狗港，因此 1865 年 1 月 1 日以前，打狗港為南臺灣唯一的條約口岸。

23　赫德（Robert Hart）著，《赫德與中國早期現代化：赫德日記（1863-1866）》，頁 251-252。

24　臺灣巡撫邵友濂，〈為因安平所收稅項多於打狗安平打狗兩口原設委員書役人等一體互移事宜片（附片）〉，光緒二十年四月（1894/5/5-1894/6/3）（上奏），收於臺灣史料集成編輯委員會編，《明清臺灣檔案彙編》第 101 冊，頁 506。

1865 年 1 月 14 日，閩浙總督左宗棠、福州將軍英桂，以及福建巡撫徐宗幹，曾在打狗開關啟徵後奏報朝廷：

> 竊照閩省臺灣府屬辦理各國通商，先經議定在於淡水廳所轄之滬尾地方設關輸稅，於同治元年六月二十二日開辦……已將淡水廳所轄之雞籠一口作為滬尾外口，業於二年八月十九日開關徵稅，並於南路鳳山縣所屬之打狗港即旗後口，一併作為外口。因旗後口相距滬尾較遠，應由該道府等會勘酌設員役，以便稽徵，所收稅銀就近解存府庫，歸於滬尾口造報，業經先後會摺具奏，並將臺灣府城未便設口情形咨明總理各國事務衙門覈辦，嗣經稅務司美理登申，經總理各國事務衙門節次咨飭、妥議籌辦，又經轉飭臺灣道府確勘妥議詳辦。各在案。茲據報旗後口，已於同治三年四月初一日開關啟徵，除飭將籌辦章程尅日妥議通詳覈辦外，臣等謹合詞恭摺具奏，伏乞皇太后皇上聖鑒。謹奏。[25]

此時都已過了海關宣告臺灣府開港的 1865 年 1 月 1 日，但這些官員們仍不死心。儘管該奏摺表面旨在稟報朝廷，已經令旗後，也就是打狗開港設關，然而我們仍能看到左宗棠等人反覆強調臺灣府未便設口一事，是稟明總理衙門，且知會福州稅務司美里登，並由兩者同意的結果。其用意自然是在抵抗臺灣的開港。

---

25 閩浙總督左宗棠、福州將軍兼管閩海關稅務英桂、福建巡撫徐宗幹，〈為奏臺灣添設旗後口開關起徵日期事〉，同治三年十二月十七日（1865/1/14）（上奏），收於臺灣史料集成編輯委員會編，《明清臺灣檔案彙編》第 66 冊，頁 427-428。

　　然而總理衙門果真認同左宗棠等人的做法嗎？事實上，早在1864年左宗棠與徐宗幹以臺灣府淤積為由，上奏表示不適合開辦條約口岸時，總理衙門便曾回覆：

> 臣等查臺灣准其通商，係載在條約，能否變通辦理，必須與各國駐京使臣會商，方能定見。總稅務司赫德於各口情形熟悉，各國使臣亦頗相信，現在赫德俟天津開河後，即可來京，擬俟該總稅務司到京後，臣等督同商辦。[26]

　　總理衙門雖然並未明確反對臺灣府不設立稅口一事，但將此事推到總稅務司頭上的行為，某種程度上已表現總理衙門的反對之意。總稅務司歸總理衙門管轄，而總理衙門卻以其屬下赫德熟悉各口岸，且各國使臣對他信服為由，推由赫德回答是否開放臺灣府通商。就赫德的立場，為清政府開設海關本就是他的工作，他實在不太可能會同意左宗棠等人的決定。

　　雖不知總理衙門是否真有尋求赫德的意見，也不清楚總理衙門對臺灣府開港的立場是否有所轉變，但可以推測，麥士威在意識到打狗海關運行之不順都是因為臺灣府私開貿易後，自是不可能放任臺灣府繼續維持非條約口岸的狀態。既然臺灣府是載明在條約的口岸，麥士威要求臺灣府開港可說是師出有名，唯一的困難便是臺灣道的態度。有一份手抄的〈臺灣府海關章程〉（Customs Regulations Taiwanfoo）可以證明麥士威對臺灣府海關的規劃並非臨時起意。該章程角落有

26　總理各國事務衙門，〈為奏臺灣府城未便設立稅口籌議辦理情形事（附片）〉，同治三年一月二十五日（1864/3/3）（硃批），收於臺灣史料集成編輯委員會編，《明清臺灣檔案彙編》第66冊，頁121-122。

麥士威署名，夾在郇和一封 1864 年 11 月 21 日寄出的信件中作為附錄，呈送至英國駐京公使的手上。[27] 由此可知，麥士威早在 1865 年以前便已開始思考臺灣府的口岸規劃了。總而言之，根據海關的官方說法，1865 年 1 月 1 日，臺灣府正式開港通商。[28] 最後選定安平作為條約口岸的埠址。[29]

臺灣所有條約口岸穩定下來，至少已是 1865 年 3 月以後的事情了。1865 年時，海關的開辦工作告一段落，赫德為此去巡視各個條約口岸。赫德在該年 3 月 8 日從廈門搭船抵達打狗，並在那裡待了一天。他拜訪了為他在臺灣辛苦工作的麥士威，並在他的住所度過了一晚。當赫德躺在那幢爬滿壁虎、從天利洋行（MacPhail & Co.）租來的破房子裡，聽麥士威說道之後打算再派遣一名辦事員到安平去時，他心裡想著，臺灣的條約口岸已經無須再依附於福州海關下了。[30] 而在 1865 年 3 月 31 日，麥士威也獲得了正式的調任令。從該日起，他就是正式的打狗海關稅務司了。[31]

二、臺灣府開港後打狗的定位

在臺灣府也納入條約口岸體系後，南臺灣的條約口岸便出現了

---

27 "Swinhoe to Wade, Takow." (21 Nov. 1864) FO 228 / 374, pp. 125-126.

28 Henry James Fisher, "Report on the Trade at the Port of Takow, —Formosa, For the Year 1866." 收於吳松弟編，《美國哈佛大學圖書館藏未刊中國舊海關史料（1860-1949）》第 172 冊，頁 471。

29 葉振輝，《清季臺灣開埠之研究》，頁 91-100。

30 赫德（Robert Hart）著，《赫德與中國早期現代化：赫德日記（1863-1866）》，頁 327-328。

31 "Customs Gazette Appendices." 收於吳松弟編，《美國哈佛大學圖書館藏未刊中國舊海關史料（1860-1949）》第 41 冊，頁 590。

一個尷尬的問題，即臺灣府與打狗的定位問題。在此之前，儘管臺灣
府尚未開港，但在有關官員的討論中，都將臺灣府預設為「正口」，
然而實際開港後的狀況卻是截然相反。即便是臺灣府開港後，南臺
灣條約口岸一應海關人員，多半駐紮在打狗，稅務司辦事處亦如是。
根據禮密臣的紀錄，1864 年底，打狗除了代理稅務司職的麥士威，
還有一名海關幫辦、一名海關總巡（Tide Surveyor）以及兩名鈐字手
（Tidewaiter，水上稽查員）。至於臺灣府只派遣了一名鈐字手，這名
鈐字手正是臺灣有名的外國通譯必麒麟（William Alexander Pickering,
1840-1907）。[32] 打狗顯然要比安平更像是一個正口。

根據前面提到過的〈臺灣府海關章程〉可知，在臺灣府有能力
獨自徵收關稅前，麥士威規劃，到臺灣府貿易的洋船，必須至打狗繳
納關稅，或者在臺灣府存有足夠繳納關稅的保證金，才可以在該處起
卸貨物。[33] 這種情形延續到 1880 年。據臺南知府唐贊袞（1853-?）的
記載，儘管麥士威在安平安排了人手，但關稅業務主要還是在打狗辦
理：

> 　　光緒四年二月，准好稅務司照會：安平一口，征收洋
> 稅，年增一年。各商到旂【後】完稅，諸多不便。請於該口
> 添設銀號，俾得就近完稅，以順商情。經前任將軍慶調查原
> 卷，臺灣之安平，係屬驗口，只准洋船在該處寄椗、起卸貨
> 物，本不應設立銀號；續據打狗口前委員德協領查稟：該稅
> 司所請就安平設立銀號，實為華商就近在該口完稅領單，得

---

32 達飛聲（James W. Davidson）著，《福爾摩沙島的過去與現在〔上冊〕》，頁
　216。

33 "Swinhoe to Wade, Takow." (21 Nov. 1864) FO 228 / 374, pp. 125-126.

以便當起見。復經戶部核准，遵即飭旂後口銀號，選派熟悉
稅則人役，前赴安平口岸附近洋稅關之處，暫賃民房，於六
年十月啟辦。[34]

銀號類似銀行，用以收納洋商之關稅。由於安平貿易自開港以後日益
增加，為了稅務方便，才在 1880 年底（光緒 6 年）設置銀號。在此
之前，安平僅為「驗口」，洋商無法在安平繳納關稅，必須至有銀號
的打狗方能完稅。這顯現安平海關的功能實不如打狗海關。不過，南
臺灣主要的貿易據點為臺灣府是不爭的事實，這更突顯出打狗開港是
臺灣府未能如期開港下，中央層級政府和海關的權宜之計。

臺灣的條約口岸開設在 1865 年以後告一段落。在此後很長一段
時間裡，臺灣的海關報告分作南、北二關，北為淡水關，南為臺灣
關，在英文報告上淡水關以 Tamsuy 為標題，而臺灣關報告的標題則
幾經變化，一開始為 Takow 或 Takow (Formosa)，1890 年以後則改
以 Tainan 為標題。[35] 而安平因所收稅項多於打狗，為求稅務方便，在
總稅務司赫德核准下，於 1894 年 5 月 24 日將兩地的海關配置人員對
調。[36] 這不僅顯示，南臺灣的條約口岸長期處在曖昧模糊的狀態之下，
也顯現出海關體系始終堅持當初的增設口岸計畫，以外口的名義，將

---

34 唐贊袞，《臺陽見聞錄》，臺灣文獻叢刊第 30 種（臺北：臺灣銀行經濟研
    究室，1958〔1891〕），頁 46。

35 Kai Yiu Chan（陳計堯），"A Critical Introduction to the Periodical Publications
    of the Maritime Customs in Southern Taiwan, 1863-95." pp. 51-70.

36 臺灣巡撫邵友濂，〈為因安平所收稅項多於打狗安平打狗兩口原設委員書
    役人等一體互移事宜片（附片）〉，光緒二十年四月（1894/5/5-1894/6/3）
    （上奏），收於臺灣史料集成編輯委員會編，《明清臺灣檔案彙編》第 101
    冊，頁 506。

臺灣實開四口，包裝為淡水與臺灣府二口，謹守《天津條約》的規定。

　　打狗與安平名不符實的地位顯示在麥士威的規劃裡，將臺灣府劃入條約體系之中的主要目的，乃是為了使南臺灣海關運作順利，以免打狗無法正常課徵關稅。或許左宗棠等人以府城淤積為由拒開臺灣府並非全然是推託之詞，但是無論如何，令臺灣府開港通商都是條約中明白規定之事，重要的是外國人希望至臺灣府進行貿易。在這種情況下，麥士威只能採用迂迴的方式，先在打狗設置海關管理南臺灣的洋船貿易，再想方設法令海關的勢力進入臺灣府。打狗與安平日後貿易的消長變化，並非麥士威所能預見的結果，在他設置南臺灣海關業務時，他的考量，應是以打狗海關能順利徵收南臺灣關稅為主。這種情形一直到 1890 年代才正式將兩個口岸的正副關係「撥亂反正」。

第四節　小結

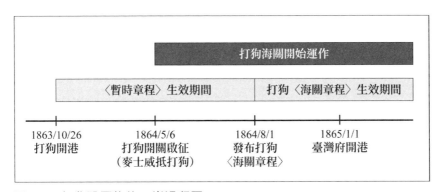

圖 5-1　打狗設置條約口岸過程圖
圖片來源：筆者自繪。

　　本章首先花了一些篇幅釐清打狗開港及開關的時間點。打狗開

港於 1863 年 10 月 26 日，但實際開關執行稅務，乃是 1864 年 5 月 6
日。這中間經歷了〈暫時章程〉的階段，來打狗貿易的洋船並不在打
狗徵收關稅，而要前往淡水或福州的海關。從打狗海關的設置過程可
知，海關在設計南臺灣的條約口岸時，是以打狗為辦事處來思考稅務
的相關配置。臺灣府的開港，雖然最早源於《天津條約》的要求，然
而在實際辦理海關業務時，迫於現實，海關體系最後使臺灣府開港的
核心原因，卻是為了與臺灣道爭奪洋商在南臺灣貿易的關稅徵收權。
關稅徵收權究竟由誰掌控，將決定關稅的流向。這顯示出新的機構要
在原有的體制中站穩腳步，終究會與原有體制中的掌權者產生對抗作
用，臺灣道、府與打狗稅務司在關稅掌控權上的爭奪便是如此。

　　海關與臺灣道對關稅徵收權的爭奪，體現在開設打狗海關後，
臺灣府仍私開沿海對外貿易，導致洋商並未全數依規定至打狗貿易，
也使得麥士威無從對這些洋船課稅。究其原因，乃是因為臺灣府為臺
灣的經貿中心，打狗本地並無太多的商業發展，商人們為了市場仍舊
有前往臺灣府的需求，若能直接停靠臺灣府沿海，便可在不經由打狗
的情況下，進行貿易。因此，一旦臺灣府不配合關閉其沿海的洋商貿
易，即便開放打狗港作為條約口岸，仍然無法達到海關課稅的目的。
由於臺灣府仍在臺灣道的掌控下，麥士威難以插手臺灣府口岸之事，
因此他若要完善南臺灣條約口岸的海關機制，無論如何都必須將臺灣
府也納入新式海關體系之中。這也是在地方官員數次上奏請清廷不要
開放臺灣府後，仍然使臺灣府開港的原因。而打狗成為條約口岸的契
機，實屬雙方博弈過程中的「一招」罷了。

第六章　打狗海關的管理與稅收制度

　　徵收關稅乃海關首要業務，儘管清末海關業務多元龐雜，但其設立最根本的目的為徵收關稅，因此，本節將著重討論打狗海關在關稅徵收的實務上是如何運行的。

　　任智勇將海關徵收關稅分作如圖 6-1 所示的幾個步驟：1. 估稅 2. 收繳關稅 3. 保管關稅 4. 分配關稅。估稅即按稅則估計稅額，商人在海關估稅後，必須繳交關稅，這筆關稅將被保管在地方，直到報銷時間再按規定之比例分配關稅，或上繳中央，或留用地方等等。任智勇指出，除了估稅此一環節為稅務司負責以外，其他項稅務工作仍由海關監督負責。[1] 本章以其研究為基礎來檢視打狗海關的運作。

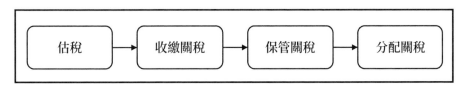

圖 6-1　關稅徵收流程圖
資料來源：參考任智勇，《晚清海關再研究：以二元體制為中心》（北京：中國
　　　　　人民大學出版社，2012），頁 19。
圖片來源：筆者自繪。

第一節　海關洋員與徵稅

　　臺灣稅收的程序可以從臺南知府唐贊袞《臺陽見聞錄》（1891）中窺見端倪：

1　任智勇，《晚清海關再研究：以二元體制為中心》，頁 1-25。

　　查滬尾口係於同治元年六月〔1862/6/27-1862/7/26〕間設關，打狗口係於同治二年八月〔1863/9/13-1863/10/12〕間開辦，所有兩口海關，僅徵洋船貨稅一項。遵照通商例則，按貨徵收。倘有所載之貨，未列稅則之內，應將原貨估價，每百兩抽正稅五兩。一切收稅事宜，均由稅務司專政；派令扞子手逐件過秤，給發驗單，交於該商，賣赴海關銀號照納稅銀，給予憑單，方准放行。此關中徵收洋稅之情形也。[2]

　　唐贊袞所指的「一切收稅事宜均由稅務司專政」，其實應是指圖6-1的「估稅」。扞子手又稱鈐字手，負責按稅則將貨物估價。如無特別規定，貨物原則上每100兩抽稅5兩。貨物經估價後，商人會收到驗單，持驗單至海關銀號按數額繳納後，可獲得憑單，至此洋商完成關稅繳納，出示憑單方可離港。

　　海關的實際工作我們可從〈海關章程〉比對，以便進一步了解：

2　唐贊袞，《臺陽見聞錄》，頁43。

海關章程

1. 任何停靠在沙洲（Bar）外的船隻應視同入港。

2. 在抵達港口後的 48 小時內，船長必須遞交其船隻之相關文件（Ship's papers）和進口艙單（Import Manifest）予他們的領事，若母國無派駐領事，則交予海關。

3. 艙單（Manifest）須具備船長的簽名，及一切具體資訊，例如數量（Quantity）、標示記號、個數（Numbers）等等，任何變更必須在 24 小時內完成。

4. 如有必要，海關職員將會登船（will be placed on Board）。

5. 僅能在日間進行卸貨及排放壓艙物，在週日及假日時，若無許可，不得進行。

6. 卸貨前，收貨人（Consignee）必須遞交中文及英文的申請表，並附有卸貨商品的具體資訊，他將獲得許可以從船上將他的貨物放入貨物船（Cargo-boat）。接著貨物船必須隨即赴海關碼頭（Customs' Jetty），使海關檢查及評估貨物稅額。接著會發給一份海關驗單（Customs' Memo.），收貨人帶著海關驗單至銀號（bank），並在那裡支付關稅後，獲得號收（Bank Receipt）。出示號收後，將發給關稅付給命令（Duty Paid Order）。進口貨物方能從海關碼頭移至商人的貨倉。

7. 運輸貨物方面，托運人必須帶著以中文及英文書寫必要資訊的運貨許可申請書，將貨物送往海關登岸碼頭檢驗。貨物將被檢驗，並發給海關驗單一紙，在辦公室獲得號收後，將核發關稅付給命令（Duty Paid Order），授權貨物運輸。

8. 獲權運輸但不能在船上接收之貨物，在重新登岸前必須被帶到海關碼頭檢驗。

9. 轉口貿易（transhipment）在沒有特定許可證下不得執行。

10. 退稅、免稅或者沿岸貿易稅執照（Coast Trade Duty Certificates）將與運輸許可證包含沿岸貿易同時發行。在收貨人申請進口貨物上陸許可時，必須同時出示免稅或者沿岸貿易稅執照。

11. 在海關核准結清（clearance）的申請前，出口艙單必須提交，所有關稅繳付完畢後會核發結清證明。

附註：海關辦公室只在早上十點到下午四點間處理商業交易事務。

跟海關商務有關之申請，必須提交給海關稅務司。

麥士威（WM. Maxwell），
海關代辦（Customs' Agent）

海關辦公室
打狗，1864 年 8 月 1 日 [3]

由麥士威發布的〈海關章程〉可知，由稅務司主導的海關，在整個徵稅的過程中，主要負擔的角色為「估稅」，形同決定課稅金額。此外，海關洋員也負責商貿船隻在港口內的管理，以及貨物的核准放行等等，和洋船交涉的工作多半由海關進行。

海關洋員檢查貨物完畢後，船主會拿到一張開立稅額的驗單（Customs' Memo.），至指定地點繳納稅金後，獲得號收（Bank Receipt），形同付款證明。商船可能會在港口進行進出口貿易，貿易關稅全數繳清獲得證明並由海關洋員查驗無誤後，方可結清離港。即

3　"Swinhoe to Wade, Takow." (1 Aug. 1864) FO 228 / 374, p. 121.

是說，按照海關二元制度的設計，海關洋員一概不會接觸到實體的銀錢。整體來說，海關稅務司的工作並不包含將關稅移交中央，海關銀號為華人官員管理，保管關稅、將關稅運送至戶部，也都是由華人官員經理。[4] 海關洋員有關稅務的工作，也就僅剩編製供海關總稅務司閱覽的海關報告而已。

這些報告包含貿易報告（trade reports）及貿易統計（trade returns）。這些報告都將上呈至總稅務司赫德，由他閱覽，並供戶部備查。如此一來便可和海關監督的稅銀數額互相稽核。不過若想知道海關稅銀實際上是如何從地方繳納至戶部，則必須從華人官員這一方了解。

第二節　海關體系中的華人官員：
海關監督、關道、通商道員及通商委員

前面提到洋船入港後首先與洋船接觸的是海關洋員，接下來，繳納至海關銀號的稅金轉由華人官員負責。不過，華人官員的情形較為複雜，並不像海關洋員職責分工如此明確。因此，在討論估稅以後的稅務流程以前，必須先釐清在臺灣負責海關稅務者為何人。在前面的章節中，有一個角色頻繁出現，但因為在海關開辦初期無法與臺灣道的勢力抗衡，因此著墨不多。這個角色便是通商委員，在檔案中又常被稱為通商道員、海關監督。

任智勇在《清末海關再研究：以二元體制為中心》提出，清末海關不僅由外國稅務司管理，亦受清政府派任並由本國人擔當的海關監

4　任智勇，《晚清海關再研究：以二元體制為中心》，頁 1-25。

督管理。兩者的職權不同，但同樣肩負管理海關之職責。他認為過去的研究多半著重於稅務司的角色，但事實上，海關監督亦在海關體制中佔有不小的份量。即是說，稅務司並非清末海關的全部，因而提出海關業務乃由海關監督與稅務司共同管理的「二元體制」。任智勇指出，關稅的實際徵收其實是由海關監督負責，稅務司在關稅上所負責的工作僅有估稅。[5] 儘管清末海關逐漸形成多功能的機構，但其最重要的功用仍然是徵收關稅，因此我們實在不能忽略海關監督在海關制度中所扮演的角色。

由於臺灣在建省以前，隸屬福建省轄下，因此在海關的管理上，亦有這種省與府之間上下級的關係。具體表現在負責管理淡水及打狗海關的華人官員，他們的職稱有許多種稱呼方式，每一種所代表的意義又有些許不同。以下，就先從光緒朝《欽定大清會典》，來談海關中的華人官員。

據其記載，負責海關稅務的華人官員有好幾位，包含關道及監督。首先是關道。「凡徵榷之務，則關道上其冊於大臣，按結奏報，並咨總理衙門及戶部以備覈。」[6] 此處的「關道」指的是管理海關的道員，而非我們一般所熟知如臺灣道的道臺。而徵收關稅的工作，則由關道負責上呈所造之冊予通商大臣，並且按結（三個月為一結，類似於今日之「季」）奏報，另咨呈總理衙門及戶部以備考察。總而言之，在各海關負責關稅造冊者，應為關道。

另外還有監督。「監督，掌水陸通商貨稅之職，凡關二十有

5　任智勇，《晚清海關再研究：以二元體制為中心》，頁 1-25。

6　崑岡續修，《欽定大清會典（光緒朝）》卷 100（臺北：臺灣中文書局，1963〔1899〕），頁 13-15（總頁 1013-1014）。

二……或隸於南北洋大臣，或隸於本省督撫，有將軍監理，有專設監督，有關道分理之別。……」[7] 此處之監督，指海關監督，海關監督可能由將軍、關道擔任，也可能是專設之職。總而言之，根據《欽定大清會典》的說法，閩海關由福州將軍擔任海關監督。

由以上討論可知，根據《欽定大清會典》的規定，不論是「關道」或者是「監督」，都有管理稅務之權，而「關道」似乎又為「監督」之一種。從《欽定大清會典》中很難判斷這兩者之間在實際稅務上的差異。陳國棟的研究指出海關監督通常由官員兼任，可能是將軍、可能是道員也可能是總督或巡撫。[8] 他們並不像海關稅務司一樣，是特定指派的職務。也因為這種兼任的特質，常使我們搞不清楚究竟是何人擔任，甚至是否有人擔任該職務都不甚確定。

第四章提到閩浙總督慶端在 1859 年 12 月 22 日的奏摺中，表明對臺灣開港以及臺灣關稅管理辦法的看法，他的奏摺可以讓我們對海關體系中與臺灣有關之華人官員，有初步的理解：

> 至應徵稅課，查閩省福州、廈門等口原設海關，係由福州將軍衙門兼管，分派口員專司徵納。臺灣雖無原設海關，第同一徵收稅課，自應統由管理閩海關之福州將軍兼管，每年檄委該處通商道員監理稅務。所收稅銀，按季運解，由福州將軍另款存儲，照例一年期滿，造報題銷，毋庸另請簡放監督，以節經費。現在該夷開市伊邇，未經奏奉諭旨以前，

7　崑岡續修，《欽定大清會典（光緒朝）》卷100，頁13-15（總頁1013-1014）。

8　陳國棟，《清代前期的粵海關與十三行》（廣州：廣東人民出版社，2011），頁7-17、37-43。

即令該道區天民暫行兼管。[9]

此摺同時出現了「福州將軍」、「監督」以及「通商道員」，這幾個角色看上去都與臺灣稅務有關，但又不盡相同。臺灣過去向歸閩海關管理，慶端等人可能據此準備將稅務工作歸在閩海關轄下，由福州將軍兼管。[10]不過由於臺灣與中國大陸相隔著海峽，許多事務常委由在臺官員代理，因此福州將軍將監理稅務的工作委由「通商道員」處理。據引文最後一句話，可推測當時的「通商道員」即區天民。也就是說，臺灣島上的海關，原則上由兼任海關監督、管轄閩海關的福州將軍管理，但是福州將軍不可能親自至臺灣島上的海關坐鎮，因此便授權通商委員來臺管理。接下來，我們以幾位在臺灣負責海關稅務的華人官員為例，來討論這個職務在淡水及打狗海關所扮演的角色。

首先，從最早來臺負責海關事宜的華人官員區天民為例。區天民除了「通商道員」以外，還有其他許多頭銜，例如「通商委員」以及「海關監督」。由於不同的頭銜有不同的含義，為了更進一步了解臺灣海關稅務的運作，須對其頭銜稍作分析。

當區天民作為與洋商在條約口岸交涉的代表時，通常會被稱作「通商委員」。例如 1860 年署理興化協副將林向榮（？-1862）被提

9　閩浙總督慶端、福州將軍兼管閩海關東純、福建巡撫瑞璸，〈為遵旨會議咪國使臣請在閩省臺灣口岸開市完稅籌備緣由事〉，咸豐九年十一月二十九日（1859/12/22）（上奏），收於臺灣史料集成編輯委員會編，《明清臺灣檔案彙編》第 64 冊，頁 240-243。

10　閩海關設於 1685 年，有福州南臺及泉州廈門兩處衙門，一開始以廈門為海關監督的主要辦事處，在 1732 年以後，海關監督轉駐福州南臺。祁美琴，《清代榷關制度研究》，頁 72-73。

拔為臺灣鎮總兵時，為了表示他對自己的新工作已有一定的認識，曾在向皇帝謝恩的奏摺裡面提到當時的臺灣情勢，並指出：「至海口通商，更為華夷交陟。茲辦理通商委員候補道臣區天民業已到臺，容當會商道、府公同妥辦。」[11] 這裡的區天民被稱作通商委員。查《欽定大清會典》中，並無通商委員一職。不過「通商委員」很容易使人聯想到「通商大臣」。清末設南、北洋通商大臣，專管中外交涉之事。[12] 清末與洋商通商，一般被歸類在洋務（即外交）項下。因此可推測，「通商委員」此職務主要的功能應為在條約口岸處理與洋商有關的事物。

從前述討論看來，通商道員與通商委員似乎是相同的職位，但其實不然。據《淡水廳志》的記載：

> 滬尾海關正口，同治元年〔1862〕設。雞籠外口，二年〔1863〕開禁。關渡卡，二年〔1863〕設。兩口每年征稅約銀六萬兩，無定額。支給薪水工食：稅務司，每月銀一千五百兩；關道一員，每月銀三十六兩另通商銀七十二兩，由台灣府庫厘金款項提撥；滬尾隨員一員，每月銀二十兩；雞籠委員一員，每月銀二十兩；關渡委員一員，每月銀十四兩；書吏二名，每名月銀十六兩；幫書十名，每名月銀或十兩或八兩；役哨三十餘名，每名月銀或四兩或三兩。應存剩銀，按

11　福建臺灣鎮總兵林向榮，〈為恭謝天恩仰祈聖鑒事〉，咸豐十年六月七日（1860/7/24）（硃批），收於臺灣史料集成編輯委員會編，《明清臺灣檔案彙編》第 64 冊，頁 361-363。

12　崑岡續修，《欽定大清會典（光緒朝）》卷 100，頁 13-15（總頁 1013-1014）。

季解繳閩海關。[13]

《淡水廳志》成書於 1871 年，為署淡水同知陳培桂（生卒年不詳）所修。據其記載，北部有滬尾海關正口及雞籠外口，派關道一員、滬尾隨員一員，另外在關渡設一委員、雞籠亦設一委員。我們可從中觀察到，外國人稅務司每月銀 1,500 兩，其薪水之高，竟為關道 40 倍，甚至幾乎為各委員薪水之百倍。從關道僅派一名，而委員數名，以及關道之薪餉顯然高於各委員，便可推論，關道應為具道銜的通商委員。據此推測，關道即是通商道員，在位階上應高於通商委員，臺灣的關道主要駐於淡水，其下則有委員數名，幫助他在其他口岸或分卡辦理稅務。

通商委員的組成較為多元，從〈閩省臺灣口岸辦理通商出力人員酌擬獎敘清單（附件）〉看起來，通商委員並不一定是道員。該清單乃是福州將軍兼署閩浙總督英桂及福建巡撫李福泰（？-1871），為請皇帝獎賞上奏所附之附件，該清單節錄如下：

> 道銜候補知府馮慶良，該員籍隸廣東，於洋務情形甚為熟悉，自同治四年正月到臺接辦通商收稅事務……佐領劉青藜，該員於同治四年十二月間派赴臺灣、打狗口專駐辦理中外交涉事件，井井有條，外國官、商均能聯絡……儘先補用府經歷孫綽，該員先經委赴打狗口，即旂後口，會同領事稅司籌辦開口事宜，並委征收稅課，嗣復專駐該口辦理中外交涉事件……候選鹽大使黃恩高，該員係福州駐防漢軍正黃旂

---

13 陳培桂纂修，《淡水廳志》，臺灣文獻叢刊第 172 種（臺北：臺灣銀行經濟研究室，1963〔1871〕），頁 109-110。

人……因該員熟悉稅務，派令幫同孫綽馳赴打狗口即旂後口籌辦通商征稅事宜，並派往安平各口稽查偷漏極為得力……儘先補用千總嘉義營把總黃大陞，該弁於咸豐十一年間隨同補用，道區天民前赴淡水籌辦通商事宜，嗣復派駐雞籠口稽查稅務，……總書柯玉棟該書總理各口稅務并承辦通商事宜已歷多年……該書與李彤恩參酌章程、往返商辦尤能悉臻妥洽，洵屬最為出力……總書李彤恩，該書於咸豐十一年間飭令到臺，隨同區天民馳赴淡水各口開辦設關收稅事宜、籌議章程，嗣復馳赴打狗口隨同設關覈算稅則……[14]

雖然此清單的標題稱這些獎敘人員為「閩省臺灣口岸辦理通商出力人員」，但可以從其描敘推論，這些人正是臺灣的通商委員。例如黃大陞（生卒年不詳）被派駐雞籠，這與《淡水廳志》中所述「雞籠委員一員」相符，由此推論其他獎敘人員也都是通商委員似相當合理。此外，孫綽為補用府經歷，但在打狗辦理海關稅務，根據前面《欽定大清會典》及《淡水廳志》等討論，他顯然是通商委員。

此獎敘清單顯示，其中大多數人的官銜都不是道員。例如黃大陞、柯玉棟（生卒年不詳）、李彤恩等人，皆非道員。這顯示，通商委員並不一定具備道員的身分。然而，現存清代臺灣史料中常見之「通商委員」，其實大部分應是指「通商道員」，而非派駐在各個口岸實際負責稅務的基層通商委員。例如首任通商道員區天民，以及在戴

---

14 福州將軍兼署閩浙總督英桂、福建巡撫李福泰，〈為閩省臺灣口岸辦理通商出力人員懇恩分別獎敘以示激勸恭摺具奏仰祈聖鑒事〉，同治六年九月六日（1867/10/3）（硃批），收於臺灣史料集成編輯委員會編，《明清臺灣檔案彙編》第 68 冊，頁 303-304。

潮春事件中接替區天民的延平府知府補用道馬樞輝等人。[15] 他們的頭銜常會寫作「滬尾通商委員」，因此過去的研究往往僅能確定淡水有通商委員，但是卻不知淡水以外，臺灣的條約口岸是否也有通商委員。這可能是由於現存的清代臺灣史料多半為奏摺，奏摺屬於較高層級的文書，會出現在奏摺中之官員大部分有一定的地位。孫綽等人乃地方基層，如有要事須向中央層級政府傳達，也多是由通商道員作為代表向上層官員匯報，因此如果不是因為英桂及李福泰為這些人請獎，恐怕我們根本無法看到這些實際辦理稅務的基層人員。

總而言之，我們可以從上面的討論推斷，在臺灣負責稅務的華人官員有「通商委員」、「通商道員」以及「關道」等稱呼。此類官員主要負責海關稅額的造冊、保管和運解。雖然「通商」二字，似較為強調其負有處理涉外事務的功能，但在稅務上，這三個職銜可以說相當雷同，只不過有些許階級上的差別。

臺灣的通商道員又更為特別一些，他們尚須代替福州將軍在臺灣扮演海關監督的角色，因此在外國人的眼中，也視作海關監督。例如在海關的檔案中便有淡水及打狗兩地海關的海關監督名單（表 6-1）：

表 6-1　淡水及打狗兩地海關的海關監督名單

時間	淡水海關中國官員
1863-1864	監督 恩煜
1865-1868	監督 馮慶良
1869-1877	監督 劉青藜

---

15 福建巡撫徐宗幹，〈為委令候補道馬樞輝駐紮八里坌口兼籌濟臺地軍餉事（附片）〉，同治二年六月八日（1863/7/23）（硃批），收於臺灣史料集成編輯委員會編，《明清臺灣檔案彙編》第 65 冊，頁 386-387。

（續上表）

時間	打狗海關中國官員
1878	監督 劉青藜 監督 得泉
1864-1865	委員 孫綽
1865-1866	海關監督 劉青藜
1866-1867	海關監督 劉青藜 海關監督 伯底蘇
1868-1869	海關監督 伯底蘇 海關監督 積慶
1869-1874	海關監督 積慶
1874-1875	海關監督 積慶 海關監督 德順
1876-1877	海關監督 德順 海關監督 海昆
1877-1878	代辦委員 楊鴻猷 海關監督 那斯渾 海關監督 奎麟
1879-1880	海關監督 奎麟 海關監督 恩漣

資料來源：參考自中華人民共和國海關總署辦公廳、中國海關學會編，《海關總署檔案館藏未刊中國舊海關出版物（1860-1949）》第 24 冊（北京：中國海關出版社，2017），頁 502-507。表格為筆者自行編製。

　　這兩份名冊分別由淡水及打狗海關中的海關洋員，依據赫德的要求，編製而成，其目的在列出負責淡水及打狗海關的中外官員。在淡水方面，一律稱負責海關的華人官員為「監督」，即海關監督之意。而在打狗，則有不同的稱呼，例如在前面獎敘清單中出現過的孫綽，在這裡被稱作委員，而佐領劉青藜則被稱作海關監督。負責編製這些名冊的海關洋員也指出，早期的資料較為模糊，難以詳盡記錄，這些

名冊與我們從中文史料找到的淡水及打狗海關人名，似乎有些出入，可能便是因為這些原因，像區天民及馬樞輝便未記錄在海關的檔案中。

第三節　打狗港的管理階層結構

那麼像區天民這一類代替福州將軍在臺灣行海關監督職責的通商委員，他們對打狗的管轄權力為何呢？根據任智勇和侯彥伯的研究，可以據此推論打狗海關的管理架構。

侯彥伯針對《清末海關再研究：以二元體制為中心》書寫的書評中，對任智勇的研究提出修正。他認為海關二元體制的實施最早不會超過 1873 年，大致上是在 1873 年以後才穩定下來，也就是說海關監督與稅務司之間並非一開始便為平行層級，而是存在上下階級關係，隨著時間演變才漸趨平行。根據赫德在 1864 年及 1873 年所發布的總稅務司通令來看，在 1864 年時外國稅務司僅次於海關監督底下的行政首長，其地位必然是從屬於海關監督之下的。然而到 1873 年發布的總稅務司通令卻稱外國稅務司同海關監督間的關係乃是同僚，而非監督的下屬。侯彥伯認為早期的海關管理者，稅務司不僅由總稅務司管轄，亦由海關監督管轄。[16]

本書涵蓋的時間範圍大致在 1858 年到 1865 年之間，因此當時的臺灣海關應符合侯彥伯所提出的海關管理階層體制。如果以打狗海關開關初期的狀況重新繪製其組織架構圖，應如圖 6-2：

16　侯彥伯，〈任智勇，《晚清海關再研究：以二元體制為中心》〉，《近代史研究所集刊》，80（2013），頁 177。

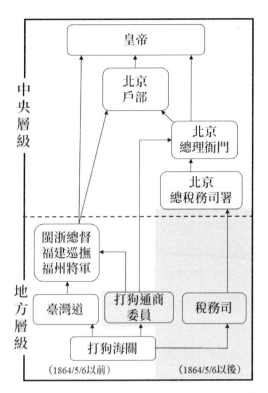

圖 6-2　打狗開港至設置新式海關前的組織架構圖
圖片來源：筆者自繪。

　　1864 年 5 月 6 日以前，打狗海關並無稅務司駐地，即使有通商委員，從前面的討論中也可知，他們難以真的介入打狗港的管理，因此該港口最有可能掌握在臺灣道手上。圖 6-2 以灰色區域表示打狗海關在 1864 年 5 月 6 日後，麥士威開始在打狗海關執行稅務司的工作，新式海關體系的權力正式擴張至打狗。[17] 而打狗通商委員（前述海關檔案中所記錄打狗海關監督等人）雖然其職權的實際效力如何不

17　當時的麥士威尚未正式獲得稅務司之職稱，是以二等幫辦的身分代理稅務司之職。

甚清楚，但至少我們可以推論，他作為海關體系的一環，也隨著海關
勢力一同進入打狗。自此，他將有權加入打狗港的管理體系，成為港
口管理者的其中一員。

第四節　海關關稅運解的流程

釐清各個層級的海關稅務華人官員後，可以理出一條臺灣關稅的
繳納流程。首先，洋商在各個口岸的海關銀號繳納稅款後，該稅款便
轉由各口岸之通商委員管理。這些通商委員所要做的工作便是保管稅
款，期滿後轉送至淡水海關。據前述《淡水廳志》之引文：「應存剩
銀，按季解繳閩海關」，海關稅收扣除臺灣本地海關人事費用後，所
剩稅銀應按季解繳閩海關。但是在 1864 年以後，打狗亦開設海關，
加上 1865 年開放的安平，全臺通商口岸共四口，其稅務流程便又更
為複雜了。據《淡水廳志》：

> 九年〔咸豐九年，1859〕新換條約……福州將軍東純、
> 閩浙總督慶端、福建巡撫瑞璸會奏在台設關通商……其稅銀
> 仍解關庫，歸將軍統並南、廈〔福州南臺、廈門〕二口奏銷。
> 十年〔咸豐十年，1860〕，奏請派道員區天民會同台灣鎮林向
> 榮、道孔昭慈、府洪毓琛等商辦，在淡水之八里坌為通商馬
> 頭、對岸之滬尾設立海關。其北路之雞籠、香山、後壟、中
> 港、鹿港、南路之鹿耳、打狗大小各口汉一律禁止洋船前往
> 貿易，定章奏報。同治元年六月二十二日〔1862/7/18〕，滬
> 尾開關征稅……稅務司旋稟總理衙門，請於雞籠、打狗即崎
> 后、府城之鹿耳即安平三處通商，部議准行。八月十九日，

雞籠開禁，洋人派副稅務司專駐滬尾、雞籠二口，會同關員
稽徵。三年四月〔1864/5〕，打狗港、鹿耳門亦開禁。凡四
口，以滬尾為正口，雞籠、打狗、鹿耳為外口。征稅銀冊，
均由滬尾總口轉繳關庫。[18]

由上述可知，負責統籌全臺四關之關稅者，為淡水海關。《淡水廳志》
與前二章的討論中有一顯然矛盾之處，便是該志將淡水，視為臺灣唯
一的正口，雞籠、打狗及安平（即鹿耳門）皆為外口。不過從第四及
第五章的討論可知，陳培桂的看法並不見得完全正確。至少在海關系
統中，淡水與打狗為兩個獨立編寫《海關報告》的海關，且臺灣海關
的開設也未像《淡水廳志》所述之順利。《淡水廳志》或許是為了要
強調淡水在臺灣四口中之領導地位，因此將淡水海關描述得彷彿一個
模範海關。陳培桂可能藉由「征稅銀冊，均由滬尾總口轉繳關庫」為
由，強調從稅務層面來看，全臺稅額將集中至淡水海關，由淡水統籌
運，因此將淡水視為正口，其他三口皆為其外口。不過各口通商委員
於何時、用什麼辦法將打狗海關稅銀轉送至淡水海關，目前不得而
知。

　　在海關稅銀送至淡水海關後，每季（即三個月）將關稅運解至福
州，從〈閩省臺灣口岸辦理通商出力人員酌擬獎敘清單（附件）〉可
知，將稅銀運解至福州的工作由臺灣的通商委員負責。該清單中提
到：

　　　　總書李彤恩，該書於咸豐十一年〔1861〕間飭令到臺，

18　陳培桂纂修，《淡水廳志》，頁109-110。

> 隨同區天民馳赴淡水各口開辦設關收稅事宜、籌議章程，嗣
> 復馳赴打狗口隨同設關覈算稅則，在事六年始終出力，且屢
> 次護解稅銀，晉省前後九涉重洋，尤屬勤勞最著。[19]

李彤恩在臺灣開設條約口岸初期便已抵臺，除了隨同區天民辦理淡水的開放，也參與了打狗海關的設置，並負責覈算稅則，在職期間有數次跨海護解稅銀的經驗。據此推斷，運解稅銀至福州時應為較下層的通商委員負責，而非關道，也就是通商道員親自運解。

　　海關稅銀被運抵福州海關後，便轉存於福州海關銀號，據前面閩浙總督慶端等人的想法，所收稅銀，由福州將軍另款存儲，一年期滿，造報題銷。[20] 又根據《淡水廳志》，可知稅銀將與福州南臺（即福州海關）及廈門二口一同奏銷。[21] 由此可知，臺灣關稅必須經由兩次運解，方可順利解送戶部，一次是從臺灣到福州，一次是由福州到戶部。

　　至此我們可以畫出一條臺灣關稅運解戶部的流程圖如圖 6-3：

19　福州將軍兼署閩浙總督英桂、福建巡撫李福泰，〈為閩省臺灣口岸辦理通商出力人員懇恩分別獎敘以示激勸恭摺具奏仰祈聖鑒事〉，同治六年九月六日（1867/10/3）（硃批），收於臺灣史料集成編輯委員會編，《明清臺灣檔案彙編》第 68 冊，頁 303-304。

20　閩浙總督慶端、福州將軍兼管閩海關東純、福建巡撫瑞璸，〈為遵旨會議咪國使臣請在閩省臺灣口岸開市完稅籌備緣由事〉，咸豐九年十一月二十九日（1859/12/22）（上奏），收於臺灣史料集成編輯委員會編，《明清臺灣檔案彙編》第 64 冊，頁 240-243。

21　陳培桂纂修，《淡水廳志》，頁 109-110。

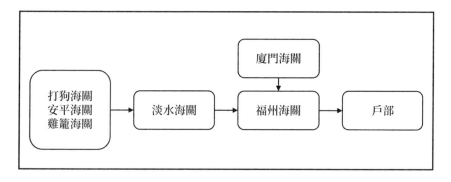

圖 6-3 臺灣關稅運解過程圖（箭頭表示稅銀運解的方向）
圖片來源：筆者自繪。

臺灣各海關的關稅由淡水海關統一運解至福州海關，福州海關則再匯集廈門海關之關稅，一併解納戶部。

實際上，臺灣的關稅要每一季運解至福州，是不太實際的做法。根據福州將軍英桂的匯報可知臺灣的關稅常常未在期限內解往福州，節錄其奏報關稅之內容如下：[22]

> 其滬尾、打狗三〔二〕口，經徵洋稅船鈔，應造收支清冊……該二口均係新開口岸，應即遵照新章辦理，奈因重洋遠隔，風【汛】靡常，歷結支銷數冊未能依期到省，曾將該二口自開關起，至二十一結止，歷結徵收稅鈔，暨撥還英、法二國扣款各二成銀數，先行奏咨各在案。茲自二十二結起，英、法二國扣款，均已扣清，應行按結提出稅銀四成專款，解部投納，催據各該口委員將收支各冊，截至二十四結止，一律造齊，陸續齎送前來。[22]

---

22 福州將軍英桂，〈臺灣通商各口設關徵稅歷結收支銀數〉，同治六年八月八

「重洋遠隔，風汛靡常」乃是官員向皇帝奏報臺灣關稅數額時常見的用語。這表示臺灣關稅時常不在時間內準時送繳中央。官員們的理由是臺灣與福建相隔一海，在運送關稅上並不便利。負責將臺灣關稅送至北京這一個環節，主要是由福州將軍負責。

福州將軍通常會指派在福州的通商委員負責。例如第二十五結按規定要提解三成船鈔（關稅的一部分，屬於港口規費，用於維護口岸設施）至戶部，於是福州將軍「發交委員噶昱通阿解赴總理各國事務衙門交納」。[23] 但偶爾也有轉由他人交納的情形。例如 1862 年時，因為福州將軍耆齡因病出缺，所以最後乃由福建巡撫徐宗幹代為奏報臺灣海關稅額，並將稅額「一併發交福州口委員協領長慶，統交美稅務司〔福州稅務司美里登〕查收轉解」。[24] 這是較為特殊的情形，一般稅額解送戶部並不會經由海關洋員經手。

另外，從英桂奏報內容可知，臺灣自第二十二結起，因英法聯軍

日（1867/9/5）（上奏），收於陳雲林總主編，中國第一歷史檔案館、海峽兩岸出版交流中心編，《明清宮藏臺灣檔案匯編》第 182 冊（北京：九州出版社，2009），頁 175-182。

23 福州將軍英桂，〈臺灣滬尾等口第二十五結三成船鈔銀兩解交〉，同治七年二月二十一日（1868/3/14），收於陳雲林總主編，中國第一歷史檔案館、海峽兩岸出版交流中心編，《明清宮藏臺灣檔案匯編》第 182 冊，頁 382-384。

24 福建巡撫徐宗幹，〈為奏報臺灣滬尾口第八九兩結期內征收各項洋稅扣歸英法兩國各二成銀數事〉，同治二年十月十二日（1863/11/22）（上奏），收於臺灣史料集成編輯委員會編，《明清臺灣檔案彙編》第 66 冊，頁 44-46；福建巡撫徐宗幹，〈為奏報臺灣滬尾口第八九十一四結三成傳鈔銀兩撥交稅務司轉解緣由事（附片）〉，同治二年十一月五日（1863/12/15）（硃批），收於臺灣史料集成編輯委員會編，《明清臺灣檔案彙編》第 66 冊，頁 48-50。

而必須用於償還的關稅已經扣清，之後應依清廷規定，每三個月提出
稅銀四成作為專款，送往戶部。接下來英桂又表示：

> 奴才逐一查覈，滬尾口……又打狗口，自同治三年四月
> 初一日開關起，至第二十四結止，共徵各項稅鈔銀一十六萬
> 二千八百八十五兩九錢九分九釐，除英、法國扣款，並頓鈔
> 另款造報，暨支銷稅務司辛俸，及該口並安平驗口委員書役
> 薪水、工伙、紙張雜費，統共銀一十萬一百二十一兩九錢七
> 分四釐八毫外，實存稅銀六萬二千七百六十四兩二分四釐二
> 毫。綜計該二口統存稅銀一十二萬六千二百九十四兩三錢五
> 分九釐六毫。除遵照總理衙門奏定章程，扣足四結為一屆，
> 將收支銀數每屆備造清冊一分，彙同按結徵收細冊，附於閩
> 海關委解本屆奏銷冊檔之便，咨送戶部科查考，並將該二口
> 現存稅銀，同二十二結起應解四成銀兩，分批解赴部庫投
> 納，暨先錄具簡明清單，分咨總理衙門暨戶部科查覈外，合
> 將臺灣通商各口設關徵完稅鈔歷結收支銀數，彙繕清單，恭
> 呈御覽，伏乞皇太后、皇上聖鑒，勅部覈覆施行。[25]

英桂的奏摺非常詳細地列舉了關稅的各項收入及支出。從奏摺中可
知，海關監督會先扣除外債還款以及各海關人員之薪水、雜項等關用
經費，剩下的稅額才是要送往戶部的部分。帳冊部分則分每季編列與
每年編列兩種，平時稅款存於海關銀號，待一年期滿，要將稅額運解

25　福州將軍英桂，〈臺灣通商各口設關徵稅歷結收支銀數〉，同治六年八月八
　　日（1867/9/5）（上奏），收於陳雲林總主編，中國第一歷史檔案館、海峽
　　兩岸出版交流中心編，《明清宮藏臺灣檔案匯編》第 182 冊，頁 175-182。

戶部時，再將該年稅額的清冊連同每季編列的細冊，一起送到戶部考察。除此之外也應送一份簡明的稅額清單至總理衙門。總理衙門轄下的海關總稅務司署，手上也會有一份由海關編製的海關報告，兩相比對，保障海關關稅不被官員侵吞。[26]

由此可見，臺灣關稅送往京城之複雜程序：首先，淡水及打狗兩口各自徵收保管，待至按季送往福州的海關銀號存儲。待一年期滿，又得由福州將軍委員送至戶部繳納。然而上述都是理想狀態，從英桂的奏摺便可知，臺灣的稅額恐怕並未按季解往福州，否則他也不會強調「重洋遠隔，風汛靡常」。而我們也可以觀察到，以臺灣的條約口岸的海關稅務為例，通商委員可謂是將各條約口岸串連起來的關鍵人物。

第五節　小結

本章在任智勇的研究基礎上討論了打狗海關的組織架構和臺灣關稅的管理情形。然而在太平天國之亂（1851-1864）後，清朝戶部失能，中央層級政府能在多大程度上掌握地方海關的關稅，頗令人懷疑。[27] 本章僅能就既有資料粗淺地談論一二。不過我們仍能注意到通商委員上有相當大的研究空間。

26　陳詩啟，《中國近代海關史》，頁 205。

27　岩井茂樹著，《中國近代財政史研究》，頁 43、139-176。

第七章　結論

　　19 世紀的臺灣大概不是個良好的工作場所，清朝官員來臺後身心健康受損的案例不在少數，更不要說來臺工作的外國人了。1864年，心力憔悴的駐臺代理副領事柏卓枝終得調任，但在橫渡臺灣海峽時，因心臟病發逝世，得年 26 歲。[1] 1865 年，即臺灣府開港的那一年，來臺開辦海關的麥士威於該年逝世。[2] 1866 年，領事郇和也離開了臺灣，改任廈門領事，在此之後他雖又曾返臺擔任領事，但最終也在 1877 年逝世，享年 41 歲。[3] 雖然如此，但在這些人活躍於臺灣時成為條約口岸的打狗，並未人亡政息，仍持續運作下去。

　　這顯示，「開港通商」乃是一個新制度長時間運行的表現，而非只是一個時間點，或僅為一道分水嶺。將「開港通商」視為一個時間點，導致我們常常將其視為一個歷史事件的結果，或者下一個歷史事件的開端。前者多半表現在中外關係史上，後者則常見於經濟史的研究中。但是細究下去，便會發現「開港通商」是一個過程，它不是一朝一夕成型，也並非在制度成形後便戛然而止。

　　制度史的研究，往往囿於研究者無法親眼目睹歷史現場，而受限於公文章程等書面資料，僅能呈現制度的某些面向，無法了解制度實

1　Patrick Devereux Coates, *The China Consuls: British Consular Officers, 1843-1943.*, p. 320.

2　中央研究院近代史研究所，〈麥士威〉，《近現代人物資訊整合系統》。資料檢索日期：2020 年 7 月 23 日。網址：http://mhdb.mh.sinica.edu.tw/mhpeople/result.php?peopleId=ayzkncvvfvfvnzi#0。

3　中央研究院近代史研究所，〈郇和〉，《近現代人物資訊整合系統》。資料檢索日期：2020 年 7 月 23 日。網址：http://mhdb.mh.sinica.edu.tw/mhpeople/result.php?peopleName=swinhoe&searchType=1。

際落實所經歷的各種階段變化。本研究以打狗海關為研究對象，透過其設置過程，體現出條約口岸的落實，以及隨著時間推演所產生的變化。歷來對淡水關研究較多，我們對臺灣海關的印象往往以淡水海關為主，便理所當然地認為臺灣所有的海關都是這個模樣，從而忽略了打狗海關的情形。淡水海關予人的印象，就如同《淡水廳志》的描寫一般，並未遇到太大的波瀾，開關後便相當順利地執行稅務，有著興盛的貿易活動，堪比模範海關。[4] 然而從打狗海關的情形便可知，臺灣開港通商的過程並非如此順利。

在爬梳打狗開港設關的過程後，我們現在已經可以回答「打狗為何開港？」此一問題。打狗本非條約屬意的口岸，然而從它被提出，具有條約口岸之名，到發展成實際上可以運作的條約口岸，此過程之複雜，正反映出並非只有洋人外交官員參與條約口岸的決定，尚包含以總理衙門為首的中央層級政府官員、海關系統的洋人官員以及臺灣地方層級官員。可以說無論是清政府或者在華外交官員，其行政體系上層至下層之官員皆參與其中。

打狗之所以開港，雖起因於外國人的要求，但此提案得以實現，其實與中央層級政府以及地方層級官員的意見相合密切相關。中央層級政府希望透過增開口岸掌握更多關稅收入，而地方層級官員則希望透過開放打狗，使之代替臺灣府成為條約口岸，以換取臺灣府維持不開港的狀態。雙方在打狗開港上達成共識，因此打狗才得以順利地從一個地方的小漁港，一躍成為條約口岸。相比之下，當中央層級政府與地方層級官員之間無法達成共識時，即便臺灣府載明於條約中，仍經歷一番波折才正式開港。這顯示條約口岸的開設，並不能單純以

4　陳培桂纂修，《淡水廳志》，頁 109-110。

「因為外國人要求開港」來解釋。

　　本書在解決「打狗為何開港？」此一問題的同時，也展現了條約口岸的多樣性，以及條約體制下的曖昧與彈性空間。而這種多樣性並非全然由於西方勢力一手促成，從打狗的案例來看，清政府官員在這個體制下的作為其實也大幅影響了條約口岸的樣貌發展。它是由不同的群體，在追求各自利益的過程中所產生的結果。

　　條約口岸的建立使臺灣的歷史走向一個新的開展，本書討論了此開展如何發生，而未能更進一步討論在此開展後，條約口岸在臺灣的發展與變化。領事、海關以及臺灣地方官員日後如何在條約口岸繼續交鋒，關稅由誰動支，以及如何運用，都對臺灣日後的政治、社會、經濟等面向帶來深遠的影響。臺灣海關對臺灣日後整體局勢走向的影響，仍有許多值得深入探討的空間。

　　關稅的流向與其相關制度，仍然是一大課題，尚有許多不清楚的問題待解決。從周育民的研究可知，制度的擬定與地方實際的運作往往有不相合的情形產生，清朝的協餉制度因太平天國事件受到極大的破壞，地方稅收是否如實中央層級政府支配亦是問題。[5]因此淡水及打狗兩口徵收之關稅，在海關於臺灣站穩腳步後，是否如規定一般運行，或者另有處置辦法有待更多的研究。此外，新式海關自建立以來到 1895 年割讓臺灣以前都持續運行，新式海關亦隨著時間產生變化。日後臺灣建省將使臺灣的關稅制度再次變化，關稅的實際支配者也隨之產生變化，臺灣海關改歸臺灣巡撫管轄，對臺灣巡撫及臺灣道之間的權力關係，亦會造成影響，這是否成為日後二劉（劉銘傳、劉

5　周育民，《晚清財政與社會變遷》（上海：上海人民出版社，2000），頁206-233。

璈）之爭的伏筆，又或者海關關稅對於日後臺灣建省和財政獨立的影響性，也都還有許多值得探究之處。

　　最後，打狗開港的問題，並不是在 1860 年代初期便結束了。正如同我在緒論裡引用的《北華捷報》報導，在 1870 年代，洋商欲促成海南島開港設關時，竟將打狗開港作為例子援引，認為海南島也可以依此辦理。甚至到了 1890 年時，劉銘傳與洋商之間仍為了通商口岸的範圍產生爭執。[6] 足見臺灣開港的問題並非一時片刻，其影響延續至臺灣割讓前夕。理解打狗開港的問題，不僅可以更深入地了解新式海關制度的發展，更有助於我們了解條約體制的實際運作。

6　Anonymous, "South Formosa." *The North China Herald* (26 Sep. 1890), p. 365. 資料檢索日期：2020 年 6 月 11 日。網址：https://search.proquest.com/hnpchinesecollection/docview/1321430202/CF836C61405B472APQ/1?accountid=14228。

徵引書目

一、史料

《中國舊海關史料》編輯委員會編（2001），《中國舊海關史料（1859-1948）》。北京：京華出版社。

不著撰人（1958），《臺灣府輿圖纂要》，臺灣文獻叢刊第 181 種。臺北：臺灣銀行經濟研究室。

中央研究院近代史研究所編（1966），《四國新檔　美國檔》。臺北：中央研究院近代史研究所。

中央研究院近代史研究所編（1966），《四國新檔　英國檔》。臺北：中央研究院近代史研究所。

中華人民共和國海關總署辦公廳、中國海關學會編（2017），《海關總署檔案館藏未刊中國舊海關出版物（1860-1949）》。北京：中國海關出版社。

中華書局編（1979），《籌辦夷務始末（咸豐朝）》。北京：中華書局。

吳松弟編（2014），《美國哈佛大學圖書館藏未刊中國舊海關史料（1860-1949）》。桂林：廣西師範大學出版社。

李丕煜主修，陳文達、李欽文、陳慧編纂，臺灣史料集成編輯委員會重編（2005〔1720〕），《鳳山縣志》，清代臺灣方志彙刊第 5 冊。臺北：文化建設委員會。

周凱總纂（1961〔1832〕），《廈門志》，臺灣文獻叢刊第 95 種。臺北：臺灣銀行經濟研究室。

唐贊袞（1958〔1891〕），《臺陽見聞錄》，臺灣文獻叢刊第 30 種。臺

北：臺灣銀行經濟研究室。

埃利松（Le Comte d'Herisson）著，應遠馬譯（2011〔1886〕），《翻譯官手記》（*Journal D'un Interprète En Chine*）。上海：中西書局。

海關總署《中外舊約章大全》編纂委員會編（2004），《中外舊約章大全》。北京：中國海關出版社。

崑岡續修（1963〔1899〕），《欽定大清會典（光緒朝）》。臺北：臺灣中文書局。

陳培桂纂修（1963〔1871〕），《淡水廳志》，臺灣文獻叢刊第172種。臺北：臺灣銀行經濟研究室。

陳雲林總主編，中國第一歷史檔案館、海峽兩岸出版交流中心編（2009），《明清宮藏臺灣檔案匯編》。北京：九州出版社。

陳壽祺總纂（2007〔1871〕），《道光福建通志臺灣府》。臺北：文化建設委員會。

黃富三、林滿紅、翁佳音主編（1997），《清末臺灣海關歷年資料》。臺北：中央研究院臺灣史研究所籌備處。

臺灣史料集成編輯委員會編（2008），《明清臺灣檔案彙編》。臺南：國立臺灣歷史博物館；臺北：遠流出版事業股份有限公司；臺北：國立臺灣大學圖書館。

赫德（Robert Hart）著，凱瑟琳・布魯納（Katherine Bruner）等編，傅曾仁等譯（2003〔1986〕），《步入中國清廷仕途：赫德日記：1854-1863》（*Entering China's Service: Robert Hart's Journals, 1854-1863*）。北京：中國海關出版社。

赫德（Robert Hart）著，凱瑟琳・布魯納（Katherine Bruner）等編，陳絳譯（2005〔1991〕），《赫德與中國早期現代化：赫德日記（1863-

1866)》（*Robert Hart and China's Early Modernization: His Journals, 1863-1866*）。北京：中國海關出版社。

盧德嘉著，臺灣史料集成編輯委員會編著（2007〔1894〕），《鳳山縣采訪冊（上）》，清代臺灣方志彙刊第 33 冊。臺北：文化建設委員會。

額爾金（Earl of Elgin）著，沃爾龍德（Theodore Walrond）編，汪洪章、陳以侃譯（2011），《額爾金書信和日記選》。上海：中西書局。

覺羅勒德洪等奉敕修（1964〔1879〕），《大清穆宗毅（同治）皇帝實錄》。臺北：華文書局。

British Parliamentary Papers: China. Shannon, Ireland: Irish University Press, 1971. (英國下議院文書)

"The Earl of Clarendon to the Earl of Elgin." (20 Apr. 1857), *British Parliamentary Papers: China*, vol. 33, p. 424.

"Count Poutiatine to the Earl of Elgin." (8 Feb. 1858), *British Parliamentary Papers: China*, vol. 33, p. 606.

"Count Poutiatine to the Earl of Elgin." (15 Jun. 1858), *British Parliamentary Papers: China*, vol. 33, p. 752.

"Memorandum." (24 Nov. 1857), *British Parliamentary Papers: China*, vol. 33, p. 628.

"Mr. Bruce to Mr. Jardine." (30 Jul. 1857), *British Parliamentary Papers: China*, vol. 33, pp. 451-452.

"Mr. Jardine to the Earl of Elgin." (1 Oct. 1857), *British Parliamentary*

Papers: China, vol. 33, pp. 503-504.

"Mr. Reed to the Earl of Elgin." (8 Feb. 1858), *British Parliamentary Papers: China*, vol. 33, p. 607.

"The Earl of Elgin to Count Poutiatine and Mr. Reed." (4 Feb. 1858), *British Parliamentary Papers: China*, vol. 33, p. 606.

"The Earl of Elgin to Count Poutiatine and Mr. Reed." (23 Apr. 1858), *British Parliamentary Papers: China*, vol. 33, p. 687.

"The Earl of Elgin to the Earl of Clarendon." (14 Nov. 1857), *British Parliamentary Papers: China*, vol. 33, pp. 473-474.

Foreign Office Archives. National Archives, U.K.（英國外交部檔案）

"Swinhoe to Bruce, Amoy." (30 Jan. 1861), FO 228 / 313, pp. 1-4.

"Braune to Bruce, Tamsuy." (31 Aug. 1862), FO 228 / 330, pp. 9-14.

"Swinhoe to Wade, Takow." (1 Aug. 1864), FO 228 / 374, p. 121.

"Swinhoe to Wade, Takow." (21 Nov. 1864), FO 228 / 374, pp. 125-126.

"Swinhoe to Wade, Takow." (1 May 1864), FO 228 / 397, p. 212.

Jardine, Matheson, & Co. Archives（怡和洋行檔案）

"R. A. Houstoun to James Whittall, Takow." (18 Aug. 1864), Cambridge University Library, MS JM/B3/3/1.

"Alexander Morrison to James Whittall, Takow." (27 Oct. 1864), Cambridge University Library, MS JM/B3/3/7.

" 辦理臺灣海口通商稅務稅務司麥照會事 " (4 May 1864), Cambridge University Library, JM/H5/17.

Swinhoe, Robert & Jarman, Robert L. (eds.)(1997), *Taiwan Political and Economic Reports: 1861-1960*, vol. 1. Slough: Archive Editions.

The North China Herald（北華捷報）

　　Anonymous (28 Aug. 1858), "The Treaty of Teen-tsin." *The North China Herald*, p. 15. 資料檢索日期：2019 年 10 月 13 日。網址：https://search.proquest.com/hnpchinesecollection/docview/1324924168/57E14F35ADF2487DPQ/1?accountid=14228。

　　Anonymous (18 May 1867), "Review." *The North China Herald*, p.61. 資料檢索日期：2020 年 6 月 11 日。網址：https://search.proquest.com/hnpchinesecollection/docview/1321145407/B0260BAF0AFD42B5PQ/1?accountid=14228。

　　Anonymous (3 Jul. 1875), "The'Carisbrooke' Case." *The North China Herald*, p. 7. 資料檢索日期：2020 年 6 月 15 日，網址：https://search.proquest.com/hnpchinesecollection/docview/1321176639/BF14B3E353AA415EPQ/1?accountid=14228。

　　Anonymous (26 Sep. 1890), "South Formosa." *The North China Herald*, p. 365. 資料檢索日期：2020 年 6 月 11 日。網址：https://search.proquest.com/hnpchinesecollection/docview/1321430202/CF836C61405B472APQ/1?accountid=14228。

二、專書

（一）中文

中國社會科學院近代史研究所翻譯室編（1981），《近代來華外國人名辭典》。北京：中國社會科學出版社。

任智勇（2012），《晚清海關再研究：以二元體制為中心》。北京：中國人民大學出版社。

吳學明主編（2018），《普通高級中學　歷史 1》（五版二刷）。臺南：翰林出版事業股份有限公司。

李佩蓁（2020），《地方的視角：清末條約體制下臺灣商人的對策》。臺北：南天書局有限公司。

周育民（2000），《晚清財政與社會變遷》。上海：上海人民出版社。

林玉茹（1996），《清代臺灣港口的空間結構》。臺北：知書房出版社。

林能士主編（2017），《普通高級中學歷史　第一冊》（五版）。臺南：南一書局企業股份有限公司。

林滿紅（1997），《茶、糖、樟腦業與臺灣之社會經濟變遷（1860-1895）》。臺北：聯經出版事業公司。

林滿紅（2011），《銀線：19 世紀的世界與中國》。臺北：國立臺灣大學出版中心。

祁美琴（2004），《清代榷關制度研究》。呼和浩特：內蒙古大學出版社。

邱濤（2016），《咸同年間清廷與湘淮集團權力格局之變遷》。北京：北京師範大學出版社。

倪玉平（2017），《清代關稅：1644-1911 年》。北京：科學出版社。

高雄市文獻委員會編（1983），《高雄市舊地名探索》。高雄：高雄市政府民政局。

莊林麗（2015），《清代臺灣道、臺灣道臺與臺灣社會》。北京：社會科學文獻出版社。

許毓良（2003），《清代臺灣的海防》。北京：社會科學文獻出版社。

陳國棟（2011），《清代前期的粵海關與十三行》。廣州：廣東人民出版社。

陳詩啟（1993），《中國近代海關史（晚清部分）》。北京：人民出版社。

黃嘉謨（1979），《美國與臺灣：一七八四至一八九五》。臺北：中央研究院近代史研究所。

楊玉姿、張守真（2008），《高雄港開發史》。高雄：高雄市文獻委員會。

葉振輝（1985），《清季臺灣開埠之研究》。臺北：標準書局。

葉振輝（2005），《高雄市早期國際化的發展初探》。高雄：高雄市文獻委員會。

趙淑敏（1982），《中國海關史》。臺北：中央文物供應社。

戴一峰（1993），《近代中國海關與中國財政》。福建：廈門大學出版社。

戴寶村（1984），《清季淡水開港之研究》國立臺灣師範大學歷史研究所專刊。臺北：國立臺灣師範大學歷史研究所。

薛化元主編（2017），《普通高級中學歷史　第一冊》（四版）。臺北：三民書局。

羅玉東（2010〔1936〕），《中國釐金史》。北京：商務印書館。

（二）英文

Bickers, Robert (2003), *Empire Made Me: An Englishman Adrift in Shanghai*. New York: Columbia University Press.

Coates, Patrick Devereux (1988), *The China Consuls: British Consular Officers, 1843-1943*. Hong Kong and New York: Oxford University Press.

Fairbank, John King (1953), *Trade and Diplomacy on the China Coast: The Opening of the Treaty Ports, 1842-1854*. Cambridge: Harvard University Press.

King, Frank Henry Haviland & Prescott Clarke (1965), *A Research Guide to China-Coast Newspapers, 1882-1911*. Cambridge: Havard University East Asian Research Center.

Mayer, William Frederick, Nicolas Belfield Dennys, & Charles King (2012 [1867]), *The Treaty Ports of China and Japan. A Complete Guide to the Open Ports of Those Countries, together with Peking, Yedo, Hongkong and Macao. Forming a Guide Book & Vade Mecum for Travellers, Merchants, and Residents in General*. London: Trübner and Co., Paternoster Row.; Hong Kong: A. Shortrede and Co.. Reprinted by USA: Cambridge University Press.

Teng, Ssu Yü (鄧嗣禹) & John King Fairbank (1954), *Research Guide for China's Response to the West: A Documentary Survey, 1839-1923*. Cambridge: Harvard University Press.

（三）譯著

方德萬（Hans van de Ven）著，姚永超、蔡維屏譯（2017〔2014〕），《潮來潮去：海關與中國現代性的全球起源》（*Breaking with the Past: The Maritime Customs Service and the Global Origins of*

Modernity in China）。太原：山西人民出版社。

何偉亞（James L. Hevia）著，劉天路、鄭紅風譯（2013〔2003〕），《英國的課業：19世紀中國的帝國主義教程》（*English Lessons: The Pedagogy of Imperialism in Nineteenth-Century China*）。北京：社會科學文獻出版社。

村上衛著，王詩倫譯（2016〔2013〕），《海洋史上的近代中國：福建人的活動與英國、清朝的因應》（海の近代中國：福建人の活動とイギリス・清朝）。北京：社會科學文獻出版社。

岩井茂樹著，付勇譯（2011〔2004〕），《中國近代財政史研究》（中國近世財政史の研究）。北京：社會科學文獻出版社。

柯文（Paul Cohen）著，林同奇譯（2017〔1984〕），《在中國發現歷史：中國中心觀在美國的興起》（*Discovering History in China: American Historical Writing on the Recent Chinese Past*）。北京：社會科學文獻出版社。

栗原純著，徐國章譯（2017），《日本帝國主義與鴉片：臺灣總督府的鴉片政策》。臺北：國立臺灣大學出版中心。

馬士（H. B. Morse）著，張匯文等譯（2000〔1910〕），《中華帝國對外關係史》（*The International Relations of the Chinese Empire*）。上海：上海書店出版社。

費正清（J. K. Fairbank）編，張玉法等譯（1987），《劍橋中國史　晚清篇 1800-1911》（*The Cambridge History of China: Late Ch'ing 1800-1911*）。臺北：南天書局有限公司。

費德廉（Douglas Fix）、羅效德編譯（2006），《看見十九世紀台灣——十四位西方旅行者的福爾摩沙故事》。臺南市：國立臺灣歷史博物

館籌備處。

達飛聲（James W. Davidson）著，陳政三譯註（2014〔1903〕），《福爾摩沙島的過去與現在》（*The Island of Formosa, Past and Present: History, People, Resources and Commercial Prospects*）。臺南：國立臺灣歷史博物館；臺北：南天書局有限公司。

濱下武志著，顧琳（Linda Grove）、馬克·塞爾登（Mark Selden）編；王玉茹、趙勁松、張瑋譯（2009〔2008〕），《中國、東亞與全球經濟：區域和歷史的視角》（*China, East Asia and Global Economy: Regional and Historical Perspectives*）。北京：社會科學文獻出版社。

龔李夢哲（David Charles Oakley）著，高雄市政府文化局編譯（2013），《臺灣第一領事館：洋人、打狗、英國領事館》（*The Story of the British Consulate at Takow, Formosa*）。高雄：高雄市政府文化局。

三、期刊及論文

（一）中文

朱瑪瓏（2014），〈自由貿易、帝國與情報：十九世紀三十年代《廣州紀事報》中的臺灣知識〉，《漢學研究》，32（2），頁 49-82。

吳密察（1997），〈「歷史」的出現〉，收於黃富三、古偉瀛、蔡采秀編，《臺灣史研究一百年：回顧與研究》，頁 1-21。臺北：中央研究院臺灣史研究所。

李佩蓁（2019），〈制度變遷與商業利益──以中英商人在臺灣樟腦貿易的行動為中心（1850-1868）〉，《新史學》，30（1），頁 1-53。

林文凱（2011），〈再論晚清臺灣開港後的米穀輸出問題〉，《新史學》，
　　22（2），頁 215-252。

林玉茹（2012），〈由私口到小口：晚清臺灣地域性港口外貿易的開
　　放〉，收於林玉茹主編，《比較視野下的臺灣商業傳統》，頁 135-
　　168。臺北：中央研究院臺灣史研究所。

侯彥伯（2013），〈任智勇，《晚清海關再研究：以二元體制為中心》〉，
　　《近代史研究所集刊》，80，頁 171-178。

張守真（1988），〈明鄭時期打狗史事初探〉，《高雄文獻》，32/33，頁
　　1-19。

陳計堯（2014），〈「條約港制度」下南臺灣與廈門的商品貿易與白銀
　　流動（1863 到 1895 年）〉，《歷史臺灣——國立臺灣歷史博物館館
　　刊》，7，頁 5-36。

陳國棟（1986），〈海關〉，收於于宗先主編，《經濟學百科全書・經濟
　　史》，頁 198-203。臺北：聯經出版事業公司。

陳國棟（1986），〈常關〉，收於于宗先主編，《經濟學百科全書・經濟
　　史》，頁 225-226。臺北：聯經出版事業公司。

陳國棟（2013），〈清代前期（1644-1842）海洋貿易的形成〉，收於陳國
　　棟編，《東亞海域一千年》，頁 258-270。臺北：遠流出版事業股份
　　有限公司。

黃文德（2004），〈台、港兩地圖書館館藏英國外交部檔案相關微卷之
　　狀況及運用方法〉，《檔案與微縮》，75，頁 19-35。

楊護源（2007），〈清代《臺灣府志》的纂修與綱目義例之比較〉，《臺
　　灣文獻季刊》，58（4），頁 153-202。

葉振輝（1985），〈英國外交部有關臺灣文件簡介〉,《臺灣文獻》,36
（3）,頁 502-532。

劉翠溶（1988），〈關稅與清季自強新政〉,收於中央研究院近代史研究
所編,《清季自強運動研討會論文集》,頁 1005-1032。臺北：中央
研究院近代史研究所。

羅志田（2004），〈帝國主義在中國：文化視野下條約體系的演進〉,
《中國社會科學》,5,頁 192-205。

（二）英文

Bickers, Robert & Isabella Jackson (2016). "Introduction: Law, Land and
Power: Treaty Ports and Concessions in Modern China." in Robert
Bickers & Isabella Jackson (eds.), *Treaty Ports in Modern China: Law,
Land and Power*., pp. 1-42. New York: Routledge.

Chan, Kai Yiu (陳 計 堯)(2015). "The Changing Society of Anping and
Takow, 1683-1894." 收於鄭永常編,《東亞海域網絡與港市社會》,
頁 163-226。臺北：里仁出版社。

Chan, Kai Yiu (陳計堯) (2018). "A Critical Introduction to the Periodical
Publications of the Maritime Customs in Southern Taiwan, 1863-95."
Asian Research Trends New Series, 13, pp. 51-70.

Fix, Douglas (2014). "Charting Formosan Waters: British Surveys of
Taiwan's Ports and Seas, 1817-1867." *Chinese Studies*, 32(2), pp. 7-48.

Fix, Douglas (2016). "The Global Entanglements of a Marginal Man in
Treaty Port Xiamen." in Robert Bickers & Isabella Jackson (eds.),
Treaty Ports in Modern China: Law, Land and Power., pp. 158-178.

New York: Routledge.

Gallagher, John & Ronald Robinson (1953). "The Imperialism of Free Trade." *The Economic History Review New Series*, 6(1), pp. 1-15.

Hall, Philip B. (1987). "Robert Swinhoe (1836-1877), FRS, FZS, FRGS: A Victorian Naturalist in Treaty Port China." *The Geographical Journal*, 153(1), pp. 37-47.

Johnstone, William C. (1937). "International Relations: The Status of Foreign Concessions and Settlements in the Treaty Ports of China." *The American Political Science Review*, 31(5), pp. 942-948.

（三）譯著

郝延平、王爾敏著，吳文星譯（1987），〈中國的中西關係觀念之演變（1840-1895）〉，收於費正清編（J. K. Fairbank），張玉法等譯，《劍橋中國史　晚清篇 1800-1911（下）》，頁 153-216。臺北：南天書局有限公司。

費正清（J. K. Fairbank）著，韓嘉玲譯（1987），〈條約體制的建立〉，收於費正清編，張玉法等譯，《劍橋中國史　晚清篇 1800-1911（上）》（*The Cambridge History of China: Late Ch'ing 1800-1911*），頁 255-316。臺北：南天書局有限公司。

郭廷以、劉廣京著，謝國興譯（1987），〈自強運動：西洋技藝的追求〉，收於費正清（J. K. Fairbank）編，張玉法等譯，《劍橋中國史　晚清篇 1800-1911 年（上）》》（*The Cambridge History of China: Late Ch'ing 1800-1911*），頁 581-631。

四、學位論文

張安理（2020），〈郇和及其博物學研究〉。臺北：國立臺灣師範大學歷史學系碩士論文。

張舜華（1980），〈臺灣官制中「道」的研究〉。臺北：國立臺灣大學歷史學研究所碩士論文。

郭義得（2009），〈清代閩海常關組織與職能之研究〉。臺南：國立成功大學歷史系碩士論文。

五、檔案

Cuthbert Collingwood (1866), Entrance to harbour, Ta-kan (S.W. Formosa) from the consulate。國立臺灣歷史博物館館藏原圖，登錄號：2010.018.0048.0002。

六、網路

中央研究院近代史研究所，《近現代人物資訊整合系統》。網址：http://mhdb.mh.sinica.edu.tw/。

中央研究院歷史語言研究所，《清代職官資料庫》。網址：https://newarchive.ihp.sinica.edu.tw/officerc/officerkm2?!!FUNC2。

國家圖書館出版品預行編目（CIP）資料

打狗開港：條約、海關、地方的三角關係 / 黃寶雯
作 . -- 初版 . -- 高雄市：行政法人高雄市立歷史博
物館，巨流圖書股份有限公司，2022.12
面；公分 . -- (高雄研究叢刊；第 12 種)
ISBN 978-626-7171-20-2（平裝）

1.CST: 海關史 2.CST: 港埠管理 3.CST: 高雄

568.9332   111018714

高雄研究叢刊　　第 12 種

打狗開港：條約、海關、地方的三角關係

作　　者　黃寶雯

發 行 人　李旭騏
策畫督導　王舒瑩
行政策畫　莊建華

編輯委員會
召 集 人　吳密察
委　　員　王御風、李文環、陳計堯、陳文松

執行編輯　鍾宛君
美術編輯　弘道實業有限公司
封面設計　闊斧設計

指導單位　文化部、高雄市政府文化局
出版發行　行政法人高雄市立歷史博物館
地　　址　803003 高雄市鹽埕區中正四路 272 號
電　　話　07-5312560
傳　　真　07-5319644
網　　址　http://www.khm.org.tw

共同出版　巨流圖書股份有限公司
地　　址　802019 高雄市苓雅區五福一路 57 號 2 樓之 2
電　　話　07-2236780
傳　　真　07-2233073
網　　址　http://www.liwen.com.tw
郵政劃撥　01002323 巨流圖書股份有限公司
法律顧問　林廷隆律師
登 記 證　局版台業字第 1045 號

　ISBN　978-626-7171-20-2（平裝）
　GPN　1011101827
初版一刷　2022 年 12 月　　　　　　　　　　　　　定價：450 元